REGINA ZILBERMAN

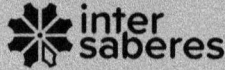

SÉRIE LITERATURA EM FOCO

{ A leitura e o
ensino da literatura

Dados Internacionais de Catalogação na Publicação (CIP)
(Câmara Brasileira do Livro, SP, Brasil)

Zilberman, Regina
  A leitura e o ensino da literatura/Regina Zilberman.
Curitiba: InterSaberes, 2012. (Série Literatura em Foco)

  Biliografia.
  ISBN 978-85-65704-51-9

  1. Leitores 2. Leitura 3. Leitura – Estudo e ensino 4. Literatura
I.Título. II. Série.

12-06285   CDD-370

Índices para catálogo sistemático:
1. Formação de leitores: Educação   370

Rua Clara Vendramin, 58 • Mossunguê • CEP 81200-170 • Curitiba • PR • Brasil
Fone: (41) 2106-4170 • www.intersaberes.com • editora@intersaberes.com

Dr. Alexandre Coutinho Pagliarini; Dr.ª Elena Godoy;   Alex de Britto Rodrigues • revisão de texto

Dr. Ulf Gregor Baranow • conselho editorial   Regiane Rosa • capa

Lindsay Azambuja • editora-chefe   Raphael Bernadelli • projeto gráfico

Ariadne Nunes Wenger • gerente editorial   Danielle Scholtz • iconografia

Daniela Viroli Pereira Pinto • assistente editorial

1ª edição, 2012.

Foi feito o depósito legal.

Informamos que é de inteira responsabilidade
da autora a emissão de conceitos.

Nenhuma parte desta publicação poderá ser reproduzida por qualquer meio ou forma sem a prévia autorização da Editora InterSaberes.

A violação dos direitos autorais é crime estabelecido na Lei n. 9.610/1998 e punido pelo art. 184 do Código Penal.

sumário

apresentação, vii

um   Leitura e sociedade, 11

um**ponto**um
A formação do leitor, 13

um**ponto**dois
O leitor e o livro, 21

um**ponto**três
Democracia, educação e leitura, 54

um**ponto**quatro
Leitura e sociedade brasileira, 65

um**ponto**cinco
A política cultural no Brasil: o acesso ao livro e à leitura, 85

um**ponto**seis
Cenários para o futuro, fantasmas do passado, 96

dois   Literatura e ensino, 113

doispontoum
Literatura infantil para crianças que aprendem a ler, 115

doispontodois
O livro infantil e a formação de leitores em processo de alfabetização, 127

doispontotrês
O conto de fadas na sala de aula, 138

doispontoquatro
Sensibilização para a leitura, 145

doispontocinco
Letramento literário: não ao texto, sim ao livro, 169

doispontoseis
Ensino médio, vestibular e literatura, 196

doispontosete
O ensino médio e a formação do leitor, 207

doispontooito
A tela e o jogo: onde está o livro?, 215

doispontonove
A teoria da literatura e a leitura na escola, 236

doispontodez
A universidade, o curso de letras e o ensino da literatura, 248

apresentação

No Brasil, o nível de consumo de material impresso – isto é, o nível de leitura – sempre foi baixo. A elevada taxa de analfabetismo até pouco tempo atrás, o reduzido poder aquisitivo de boa parte da população, a ausência de uma política cultural contínua e eficiente, a influência cada vez maior dos meios audiovisuais de comunicação de massa – eis alguns dos fatores relacionados ao problema, tornando-o ainda mais agudo. Na tentativa de solucioná-lo, a leitura, que, segundo se afirma, deve ser prazerosa, acaba se convertendo em uma obrigação: o Estado precisa prover os leitores com livros, equipando bibliotecas e escolas; o professor deve fazer com que os alunos leiam e gostem; aos editores compete baratear o preço das obras publicadas; é necessário combater e eliminar o analfabetismo e diminuir o número de iletrados funcionais.

Há, além disso, a tarefa de enfrentar a concorrência dos meios de comunicação de massa, que, mais competentes e superiormente instrumentalizados, capturam uma audiência jamais alcançada, nem mesmo em valores relativos, pela literatura ou qualquer outro material dependente da transmissão pela escrita. Passou-se da primazia da cultura oral, própria às regiões economicamente vinculadas à agricultura e à pecuária, à dominação dos *media* eletrônicos, sem terem sido experimentados os fenômenos de escolarização coletiva, organização do público leitor e divulgação da leitura, ocorridos à época da Revolução Industrial, a partir do século XVIII europeu, e que se colocaram entre os dois limites, amortizando em parte os efeitos da invasão da indústria cultural.

Por decorrência, o campo da leitura apresenta-se, simultânea e surpreendentemente, não ocupado e já devastado. Ele reserva ainda outros paradoxos: a reivindicação por uma política cultural que supra as deficiências, de um lado, parece regressiva ao querer recuperar um terreno que, há várias décadas, deveria ter sido contemplado com maior atenção e cuidado; de outro, todavia, ela soa progressista, porque é engajada aos esforços na direção da emancipação nacional e da ruptura com os laços de dependência que, se é econômica, mostra-se também cultural, tendo nos meios de comunicação de massa um de seus acessórios mais importantes, eficazes e rendosos.

O exame dos modos como se faz a circulação da leitura no Brasil traz consigo algumas consequências. Incide em uma discussão sobre a literatura, pois é esta o material impresso socialmente mais prestigiado. Não apenas isso: a existência de uma literatura nacional robusta, vale dizer, de reconhecida qualidade artística e apreciada pelo público local, parece ser um dos sintomas mais seguros de que a desejada autonomia econômica, ideológica e política foi efetivamente alcançada.

Incide igualmente em uma discussão sobre a escola. Não que a difusão da leitura e o consumo da literatura sejam competência exclusiva dessa instituição: as responsabilidades poderiam ser repartidas entre várias agências, associadas algumas ao poder público, outras a entidades privadas. Porém, a escola, no Brasil, detém uma importância cultural que, muitas vezes, só é percebida quando ela falha. Não por acaso os debates sobre a crise de leitura, começados durante a década de 70 do século XX, foram desencadeados pelo fracasso da reforma do ensino implantada, no período, entre professores, embora o problema tenha origens remotas, envolva diferentes classes de intelectuais e empresários, e afete a todos. A escola é o lugar onde se aprende a ler e a escrever, conhece-se a literatura e desenvolve-se o gosto de ler. Se esses objetivos não se concretizam, ocorrem dificuldades que rapidamente se refletem na área cultural, mas que precisam ser sanadas com a ajuda da educação.

Os ensaios a seguir procuram investigar esses temas, estabelecendo suas relações e examinando os caminhos que se abrem ao professor. Embora este seja invocado em primeiro lugar, a perspectiva com que se analisam a leitura e o ensino da literatura não é unicamente pedagógica; pelo contrário, uma série de textos busca pesquisar as razões históricas que determinaram (ou não) uma política de leitura inicialmente na Europa revolucionária dos séculos XVIII e XIX, depois no Brasil, nos séculos XIX e XX. Também as transformações da escola nacional são abordadas desde uma ótica sociológica, por ser esta a condição de entendimento da nova composição social do magistério e alunado brasileiros. Sem esse panorama, torna-se mais difícil compreender por que a difusão da leitura vem se mostrando problemática ou por que as mudanças, se efetivamente as desejamos, precisam ser realizadas levando em conta o quadro até pouco tempo desconhecido.

A relevância do enquadramento histórico, evidenciando as bases econômicas e ideológicas de um programa de valorização da leitura como aprendizagem e consumo de materiais transmitidos por intermédio da escrita, reside no fato de que impede um posicionamento ingênuo ou enganador a respeito do assunto. Essa relevância pode, em um primeiro momento, atrair mais, porém acaba servindo aos interesses que deveria combater. Ao mesmo tempo, a perspectiva sociológica traz à tona as contradições verificáveis na maneira como a sociedade encara a leitura, a escola e o ensino da literatura. Permite, pois, vislumbrar as vias por onde passar uma política cultural emancipadora, superando os impasses que, às vezes, fazem-na parecer ou ser conservadora ou regressiva.

Esse é o sentido dos ensaios, fundados na noção de que, se a leitura deve ser estimulada pela sociedade, é para esta tornar-se melhor, o que pode acontecer se a conhecermos mais profundamente.

um leitura e sociedade

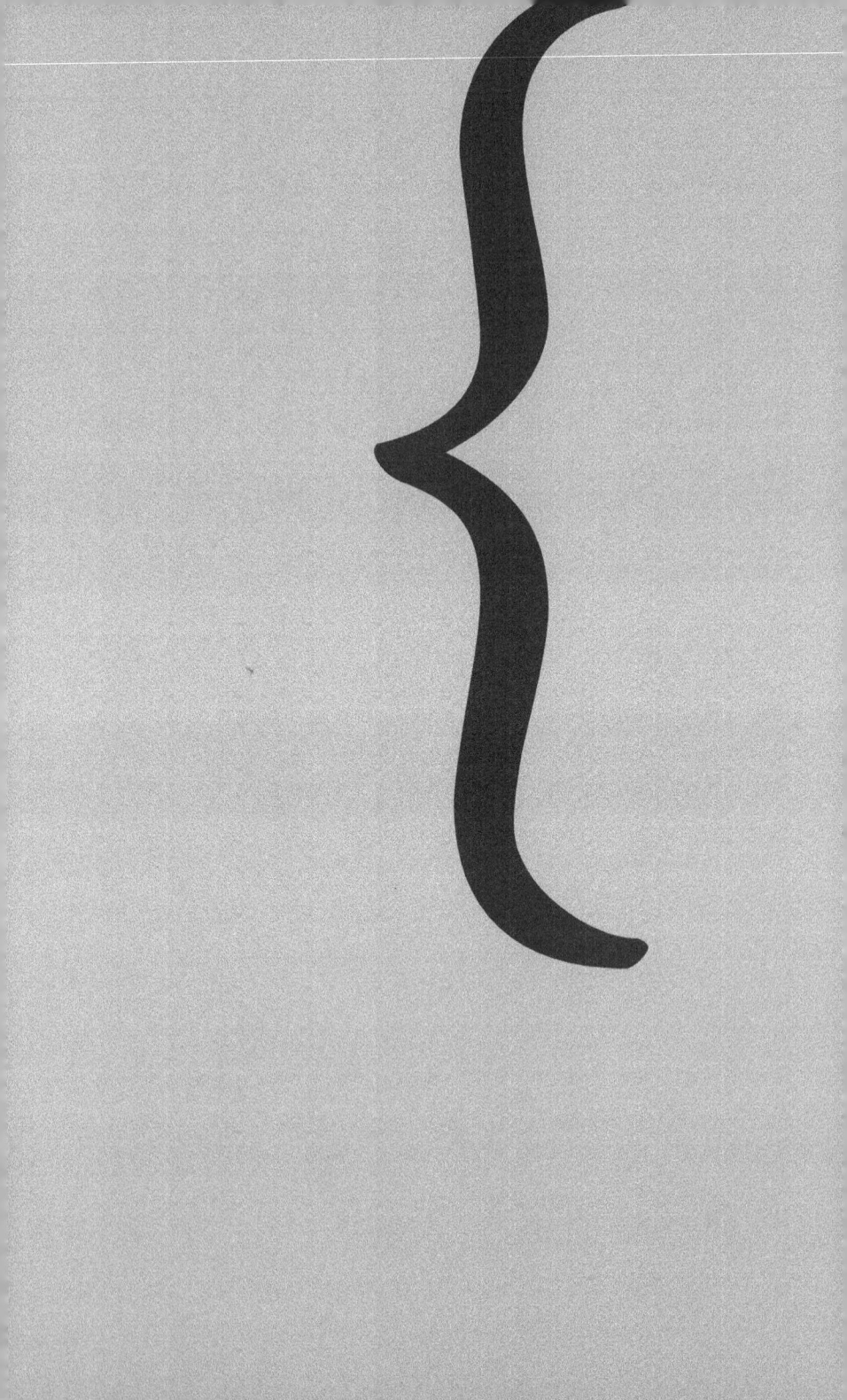

um**ponto**um
A formação do leitor

❰ AO FINAL DOS anos de 1970, foi diagnosticada, às vezes de modo tão somente intuitivo, uma crise de leitura, caracterizada pelo fato de que os jovens, sobretudo os estudantes, não frequentavam com a desejada assiduidade os livros postos à sua disposição. Desde então, o tema assumiu contundência crescente, passando a ser discutido em encontros científicos, debates e comissões, com o fito de tentar corrigir o quadro.

Sendo mais uma crise a se somar às que se acumulam há mais tempo no horizonte brasileiro, a característica paradoxal dessa é que foi denunciada em um período de expressiva expansão e mudança do panorama cultural do país. Com efeito, o crescimento urbano motivado pela industrialização acelerada liberou um público amplo que, embora preferencialmente atraído pelos meios de comunicação de massa, veio a consistir também em um contingente respeitável de consumidores de literatura. Esta foi ainda beneficiária da reforma de ensino instituída no início da década de 1970, que propiciou um espaço maior para o emprego do texto literário em sala de aula e que, aumentando a faixa de escolaridade obrigatória de cinco para oito anos, e depois para nove, passou a fornecer um número considerável de leitores para as obras postas em circulação no mercado.

O resultado foi o crescimento do público, adulto e mirim, motivando, pela mesma razão, a expansão da quantidade de ofertas e fazendo a literatura experimentar um período, ainda não esgotado, de euforia. Os sinais mais evidentes do fenômeno são verificáveis na literatura infantil, gênero que tem estimulado grandes investimentos por parte da indústria de livros através do lançamento de coleções originais para crianças e jovens, da promoção de novos escritores e da reedição de textos clássicos, iniciativas todas que vêm obtendo grande sucesso.

É a criança principalmente que, dentro e fora da escola, passa a ser objeto de maiores cuidados, em virtude, de um lado, do papel potencial que desempenha no mercado consumidor; de outro, de sua sadia formação intelectual e afetiva ser uma das preocupações centrais da sociedade de maneira geral, da família e da escola em particular.

O paradoxo aparece no interior dessa moldura: enquanto o público leitor, em especial o infantil, eleva-se quantitativamente, contata-se sua evasão, isto é, o decréscimo de seu interesse por livros.

Desse modo, se a crise efetivamente existe, ela ocorre sob o signo da contradição entre o crescimento numérico dos consumidores potenciais e da oferta de obras, de um lado, e a recusa do leitor em tomar parte espontaneamente nesse acontecimento cultural e mercadológico. Esse último fato detona, por parte da escola, um rol de providências corretivas com vistas à valorização do livro e da leitura. Todavia, também essa medida revela-se contraditória, pois, como simultaneamente favorece o aumento do consumo, acaba por transformar a ação pedagógica reparadora, que se diz desinteressada e neutra ou então progressista e emancipadora, em um agente de incremento do mercado, vale dizer, em um organismo que atua em prol dos setores ligados ao capital no conjunto da sociedade burguesa.

Por sua vez, o empenho em implantar uma política cultural fundada no estímulo à leitura não é peculiar ao Brasil, verificando-se também em boa parte das nações em desenvolvimento dos continentes americano, asiático e africano, independentemente da orientação ideológica de seus governos[1]. Tal como se passa aqui, eles vêm desdobrando esforços com a finalidade tanto de promover a produção local de textos, principalmente para as crianças, como de facilitar a difusão do gosto pela leitura e literatura por intermédio da ação da escola. Assim, é na condição de país em processo de desenvolvimento que o Brasil patrocina programas de acesso ao livro, pretendendo dotar os leitores de obras que falem de seu mundo e na sua linguagem, agindo, concomitantemente, no sentido de suplantar uma situação de anacronismo cultural.

---

[1] Cf. PELLOWSKI, Anne. *Sur mesure*: les livres pour enfants dans les pays en développement. Paris: Unesco, 1980; SALLENAVE, Danièle. *Nous, on n'aime pas lire*. Paris: Gallimard, 2009.

O exercício dessa função que se mostra ao mesmo tempo cultural e política é delegado à escola, cuja competência precisa tornar-se mais abrangente, ultrapassando a tarefa usual de transmissão de um saber socialmente reconhecido e herdado do passado. Eis por que se amalgamam os problemas relativos à educação, introdução à leitura, com sua consequente valorização, e ensino da literatura, concentrando-se todos na escola, local de formação do público leitor e de estímulo ao consumo de livros.

Nessa medida, se a mencionada crise, efeito da fuga do provável leitor, é um problema concreto, também não deixa de oferecer dificuldades o modo como a sociedade se dispõe a resolvê-la. A solução proposta relaciona-se ao assumir de uma concepção de leitura segundo a qual o ato de ler qualifica-se como uma prática indispensável para o posicionamento correto e consciente do indivíduo perante o real. Porém, como sua concretização depende da frequência ao livro, as tentativas de promoção do gosto pela leitura têm desaguado no apelo à aquisição crescente de obras, reforçando os procedimentos consumistas próprios à sociedade burguesa; beneficiam, assim, mais quem os edita do que quem os lê.

A tentativa de resolução dessa nova dificuldade é dada pela intermediação da escola, espaço à primeira vista neutro, vale dizer, menos comprometido com atividades comerciais e lucrativas. Contudo, essa decisão acaba por determinar um resgate singular da pedagogia, em que o papel coercitivo exercido sobre a criança pelas instituições encarregadas de educá-la é discretamente omitido.

Por sua vez, a aliança com a escola, escolhida na qualidade de espaço mais conveniente para o exercício de uma política cultural fundada na valorização do ato de ler, tem raízes históricas, que, da sua parte, revelam outro ângulo contraditório da questão. A prática da leitura foi ostensivamente promovida pela pedagogia do século XVIII, pois facultava a propagação dos ideais iluministas que a burguesia ascendente desejava impor à sociedade, esta dominada ainda pela ideologia aristocrática herdada dos séculos anteriores. Valorizando o livro enquanto instrumento de cultura e usando-o como arma contra a nobreza feudal que justificava seus privilégios invocando a tradição que os consagrava, os pensadores iluministas procuraram solapar uma ordem de conceitos até então tida como inquestionável. E reivindicaram um modo de pensar apoiado tão somente no exercício do raciocínio e na verificação para assegurar suas incertezas, abolindo o prestígio da magia e da religião.

Os iluministas inauguram, de um lado, o racionalismo contemporâneo que confere à ciência uma importância até aí desconhecida por ela; de outro, uma ideologia da leitura, baseada na crença de que a educação, a que se tem acesso pela aquisição do saber acumulado em livros, é a condição primeira de uma bem-sucedida escalada social. Dessa maneira, o ingresso do indivíduo na vida comunitária coincide com o momento em que ele começa a frequentar a escola e aprender a ler. Ensino e leitura são atividades que, também sob esse aspecto, se confundem, constituindo-se, desde então, no fundamento do processo de socialização do indivíduo.

Não é ocasional o fato de que a escola se afirme como instituição a partir desse período, nem que se considere que deva iniciar sua atividade por ensinar a ler e a escrever. Alfabetizando, ela converte cada indivíduo em um leitor, introduzindo-o no universo singular de sinais de escrita, cujo emprego é tornado habitual por meio de treinamentos contínuos. Esse é o terreno sobre o qual se instala a prática da leitura, cuja assiduidade facilita suplementarmente a absorção dos ideais que determinam sua universalização: a primazia do racionalismo e da investigação científica; a crença nas propriedades transformadoras, do ponto de vista individual e social, da educação; a valorização do conhecimento intelectual.

Resultante também dessa situação é um modo particular de vivenciar o real: o texto escrito torna-se o intermediário entre o sujeito e o mundo. E, embora tenha condições de representá-lo de modo mais eficiente e sintético[2], ele inevitavelmente provoca a suspensão da experiência direta, assim como a suspeita para com ela. Em outras palavras, embora a obra escrita, de um lado, signifique a possibilidade de o indivíduo se integrar ao meio e melhor compreendê-lo, de outro, ela estimula a renúncia ao contato material e concreto, denegrindo as qualidades deste ao negar-lhe os atributos de plenitude e totalidade. A obra transmuta-se, assim, na mediadora entre o indivíduo e sua circunstância, e decifrá-la quer dizer tomar parte na objetividade que deu lugar à sua existência. Por isso, ler passa a significar igualmente viver a realidade por intermédio do modelo de mundo transcrito no texto.

Nessa medida, a própria ação de ensinar a ler e a escrever leva o indivíduo a aceitar o fato de que lhe cabe assimilar os valores da sociedade. Porque, tal como estes últimos, a escrita aparece a seus usuários como um sistema fechado, antecipadamente constituído e que dispensa sua intervenção, mas que é preciso aceitar sem discutir. Nesse sentido, ela mimetiza tanto o código social, quanto

---

[2] Cf. GADAMER, Hans-Georg. *Verdad y metodo*. Salamanca: Sígue-me, 1977; RICOEUR, Paul. *Interpretação e ideologias*. Rio de Janeiro: Francisco Alves, 1977.

um tipo de comportamento passivo diante dele. Porém, como para a criança, principal destinatária desse fenômeno, a conquista da habilidade de ler significa simultaneamente a possibilidade de se introduzir no mundo adulto, do qual até então estava excluída, a alfabetização assume o *status* de um ritual de iniciação, recebido por ela como uma promoção.

Ao mesmo tempo, a aprendizagem da escrita e da leitura a leva a internalizar novas regras, desconhecidas e diferentes da experiência até então acumulada com a linguagem oral. Os erros que inevitavelmente comete reproduzem seus conflitos com a norma dos adultos, mas, ao buscar o caminho certo, ela descobre, por extensão, que, para agir de modo apropriado e ser aprovada pelos outros, cumpre submeter-se a padrões anteriores e, aparentemente, imutáveis.

A assimilação dos valores sociais faz-se, assim, tanto de modo direto, quando a escola atua como difusora dos códigos vigentes, quanto indireto, pela absorção da escrita como sistema dotado de normas já estabelecidas a que cabe obedecer. Eis por que a burguesia, ao assumir, a partir do século XVIII, a responsabilidade econômica e política pela condução da sociedade, confiou a formação da juventude ao aparelho escolar, convicta de que este cumpriria seu papel com eficiência.

Em razão desses aspectos, parece irrelevante, quando se discutem os problemas relativos à formação do leitor ou à crise de leitura, sugerir estratégias didáticas ou textos de que o professor pode se socorrer se quiser mostrar mais competência no exercício de suas funções docentes. Em ambos os casos, evidencia-se a crença de que a tecnologia isoladamente pode corrigir os desvios, como se os instrumentos de ação tivessem condições, por seu próprio esforço, de transpor os obstáculos que não causaram.

Com efeito, é preciso antes refletir sobre o caráter social da leitura, uma vez que esta abriga, às vezes à sua revelia, contradições interiores, responsáveis primeiras pelas dificuldades de implantação de uma política continuada visando a sua difusão e democratização. Mesmo insistindo na qualidade cognitiva e na importância do ato de ler como mediador privilegiado das relações do eu com o mundo, esse ato pode vir a exercer um papel coercitivo quando incorporado, integral, asséptica ou acriticamente, a interesses pragmáticos e indiretos, como são aqueles a que a escola, conforme se disse, acaba servindo, interesses diferentes daqueles que são depositados na leitura e que justificam a reivindicação de uma atitude ampla por parte da comunidade que garanta sua difusão por todos os seus segmentos.

Por outro lado, quando a leitura perde o escudo protetor conferido pela escola, que legitima a função formadora do livro, este se expõe e avilta-se como objeto de consumo. Noutra formulação, é ainda em consequência do papel exercido na educação que o livro mostra-se primeiramente válido; desprovido desse álibi, degrada-se, nivelando-se aos demais produtos em circulação no mercado, cujo valor advém de sua capacidade de ser adquirido em proporções crescentes.

Pensar a questão da formação do leitor não significa, portanto, constatar tão somente uma crise de leitura; o tema envolve, antes de mais nada, uma tomada de posição relativamente ao significado do ato de ler, já que se associa a ele um elenco de contradições, originário, de um lado, da organização específica da sociedade brasileira, de outro, do conjunto da sociedade burguesa e capitalista. Ele congrega planos diversos – o sociológico, o hermenêutico, o ideológico – que não podem ser separados sob pena de o fenômeno sofrer profunda deformação. Por seu turno, conserva uma importância a não ser negligenciada, pois evidencia contradições não apenas internas, mas também conjunturais que afetam a nação, ao ressaltar os dilemas que esta experimenta na medida em que partilha um modelo desenvolvimentista, cujo sucesso, por beneficiar alguns setores, não significa necessariamente a superação do estado de subdesenvolvimento e miséria do todo.

Por um lado, a reflexão sobre a formação do leitor faz emergirem os contrastes sociais que estão na sua base. Por outro, todavia, esse esforço especulativo pode igualmente abrir caminho para a proposição de um novo modelo de intercâmbio entre cada indivíduo e os livros, segundo o qual se alcançarão os meios de suplantar os problemas que, quando vigoram, prejudicam a todos.

um**ponto**dois
O leitor e o livro

> *Diz quem foi que inventou o alfabeto*
> *e ensinou o alfabeto ao professor*
>
> CHICO BUARQUE DE HOLANDA, MÚSICA *ALMANAQUE*.

Sendo uma habilidade humana, a leitura tem existência histórica, pois se associa à adoção do alfabeto como forma de comunicação e à aceitação da escola como instituição responsável pela aprendizagem. Nem todas as sociedades humanas dispõem desses mecanismos, nem todas as épocas da história do Ocidente valorizaram-nos da mesma maneira. E nem entre as sociedades escolarizadas antigas e modernas recebeu a leitura invariavelmente a mesma consideração. Pelo contrário, houve quem deplorasse suas consequências, como Platão (428/427 a.C. - 348/347 a.C.), que condena a escrita em conhecido trecho de *Fedro*:

> Sócrates: - [...] *Quando chegaram à escrita, disse Thoth: 'Esta arte, caro rei, tornará os egípcios mais sábios e lhes fortalecerá a memória; portanto, com a escrita inventei um grande auxiliar para a memória e a sabedoria.' Responde Tamuz: 'Grande artista Thoth! Não é a mesma cousa inventar uma arte e julgar da utilidade ou prejuízo que advirá aos que a exercerem. Tu, como pai da escrita, esperas dela com o teu entusiasmo precisamente o contrário do que ela pode fazer. Tal cousa tornará os homens esquecidos, pois deixarão de cultivar a memória; confiando apenas nos livros escritos, só se lembrarão de um assunto exteriormente e por meio de sinais, e não em si mesmos. Logo, tu não inventaste um auxiliar para a memória, mas apenas para a recordação. Transmites aos teus alunos uma aparência de sabedoria, e não a verdade, pois eles recebem muitas informações sem instrução e se consideram homens de grande saber embora sejam ignorantes na maior parte dos assuntos. Em consequência serão desagradáveis companheiros, tornar-se-ão sábios imaginários ao invés de verdadeiros sábios.*[3]

---

[3] PLATÃO. Fedro. In: _____. *Diálogos*. Trad. Jorge Paleikat. Rio de Janeiro: Tecnoprint, 1966. v. 1. p. 261-262.

Bem mais tarde, em um ensaio denominado *Sobre livros e leitura*, de 1851, Arthur Schopenhauer (1788-1860), igualmente filósofo, apresenta sua visão do assunto, não muito distinta daquela exposta por Sócrates:

> Quando lemos, outra pessoa pensa por nós: só repetimos seu processo mental. Trata-se de um caso semelhante ao do aluno que, ao aprender a escrever, traça com a pena as linhas que o professor fez com o lápis. Portanto, o trabalho de pensar nos é, em grande parte, negado quando lemos. [...] Durante a leitura nossa cabeça é apenas o campo de batalha de pensamentos alheios. Quando estes, finalmente, se retiram, que resta? Daí se segue que aquele que lê muito e quase o dia inteiro, e que nos intervalos se entretém com passatempos triviais, perde, paulatinamente, a capacidade de pensar por conta própria, como quem sempre anda a cavalo acaba esquecendo como se anda a pé. [...] A leitura contínua, retomada a todo instante, paralisa o espírito ainda mais que um trabalho manual contínuo, já que neste ainda é possível estar absorto nos próprios pensamentos. [...] Porque quanto mais lemos menos rastro deixa no espírito o que lemos; é como um quadro negro, no qual muitas coisas foram escritas umas sobre as outras.[4]

Datado o primeiro texto do século IV a.C. e o segundo da metade do século XIX, eles não reproduzem exatamente a mentalidade vigente em seus respectivos tempos. À época de Platão, a educação se organizava e expandia na Grécia, pois, já no século

---

[4] SCHOPENHAUER, Arthur. *Sobre livros e leitura*. Trad. Philippe Humblé e Walter Carlos Costa. Porto Alegre: Paraula, [1994]. p. 17-19.

V a.C., os meninos atenienses, até a idade de 14 anos, iam à escola e aprendiam quatro assuntos básicos: *grammatike* (linguagem), *mousike* (literatura), *logistike* (aritmética) e *gumnastike* (atletismo)[5]. Por sua vez, foi no século IV a.C. que "o trânsito ao costume de ler livros, em vez de escutá-los, teve lugar [...]; mais ou menos a partir dos anos sessenta houve um público leitor em Atenas."[6]

À época de Platão, o ensino da gramática, ou da "ciência das letras", é uma prática difundida, facultando a aprendizagem da leitura e da escrita; *"grammatikos* é então um adjetivo que pode qualificar aquele que sabe as letras, que sabe ler e escrever."[7] Data desse período o aparecimento da *Retórica para Alexandre*, "provavelmente um livro didático", atribuído a Anaxímenes de Lampsaco (ca. 380-320 a.C.). Conforme George A. Kennedy, "sua importância deve-se ao fato de ser simplesmente um exemplo de um livro didático da época e à descrição das técnicas que podem ser encontradas nos discursos do século IV. Oradores da época talvez não tenham conhecido essa obra em particular, mas eles provavelmente conheciam algo similar."[8]

É no século XIX, por sua vez, que a escolarização se torna obrigatória. Até então, os membros da elite não deixavam de receber a educação que os preparava para exercer condignamente seu

---

[5] MATSEN, Patricia; ROLLINSON, Philip; SOUSA, Marion (Ed.). *Readings from Classical Rhetoric*. Carbondale and Edwardsville: Southern Illinois University Press, 1990. p. 30.
[6] DÜRING, Ingemar. *Aristóteles: exposición e interpretación de su pensamiento*. Trad. e edição de Bernabé Navarro. México: Universidad Nacional Autónoma de México, 1990. p. 28.
[7] DESBORDES, Françoise. *Concepções sobre a escrita na Roma antiga*. São Paulo: Ática, 1995. p. 32.
[8] KENNEDY, George A. *A New History of Classical Rhetoric*. Princeton: Princeton University Press, 1994. p. 51.

lugar na sociedade; mas não eram forçados a se sujeitar às normas de uma instituição exterior ao universo familiar e de estrutura própria. As crianças originárias das camadas populares, por sua vez, foram igualmente acolhidas pelo sistema escolar, se bem que nem sempre lhes era oferecido ensino de qualidade equivalente. Em ambas as situações, a "ciências das letras" coloca-se na base da aprendizagem; e a leitura, abominada por Schopenhauer, é – ou deve ser – um dos primeiros resultados do encontro entre professor e aluno.

Rejeitar a leitura é, portanto, rejeitar a escola. Ou, pelo menos, a leitura promovida pela escola, que transmite "um assunto exteriormente e por meio de sinais", nas palavras de Platão, e que, para Schopenhauer, impede os próprios pensamentos. As concepções sobre o ensino da leitura talvez deem razão aos dois filósofos, como podem sugerir os textos que tratam desse tema e circularam na escola brasileira nos séculos XIX e XX.

Livros de leitura eram conhecidos pelos estudantes brasileiros desde o começo do século XIX. Um dos primeiros foi provavelmente o *Tesouro dos meninos*, livro francês traduzido por Mateus José da Rocha (?-1828).[9] Na mesma linha, a Impressão Régia publicou, em 1818, e depois em 1821, 1822 e 1824, *Leitura para meninos*, "coleção de histórias morais relativas aos defeitos ordinários às idades tenras e um diálogo sobre a geografia, cronologia, história de

---

[9] SILVA, Maria Beatriz Nizza da. *Cultura e sociedade no Rio de Janeiro (1808-1821)*. 2. ed. São Paulo: Nacional, 1978. Em 1836, o livro foi reeditado pela Tipografia Pillet Ainé; composta originalmente por Pedro Blanchard (1758-1829), chamou-se nesse ano *Tesouro dos meninos*, obra clássica dividida em três partes: moral, virtude, civilidade, "vertida em português e oferecida à mocidade estudiosa, por Mateus José da Rocha". RAMOS, Vitor. *A edição portuguesa em França (1800-1850)*. Paris: Fundação Calouste Gulbenkian, 1972.

Portugal e história natural,"[10] obra organizada por José Saturnino da Costa Pereira (1771-1852).

O mais célebre autor de livros didáticos do período imperial foi, contudo, Abílio César Borges, o Barão de Macaúbas (1824-1891), tido por inspirador de Aristarco Argolo de Ramos, personagem de *O Ateneu*, de Raul Pompeia (1863-1895). Os livros de Abílio César Borges começaram a ser produzidos na década de 1860, quando ainda lecionava na Bahia, mas sua influência estendeu-se até o final do século, ultrapassando 1888, ano em que Pompeia lançou seu romance.[11]

Para o pedagogo baiano, a "boa leitura" e o "ler bem" consistem em ler em voz alta: "Para fazer boa leitura, deve o leitor ler com moderação, mudando o tom da voz, e dando as pausas convenientes, segundo requerem o objeto da leitura e os diferentes sinais da pontuação".

Enfatiza-se a natureza oral da leitura e atribuem-se os modos de dizer o texto às diferenças entre os gêneros literários:

> *O tom da voz e a expressão de quem lê devem ser conformes com o assunto da leitura; de tal sorte que, ouvindo-se ler, ainda à distância de se não poderem distinguir as palavras, conheça-se pela só modulação*

---

[10] CABRAL, Alfredo do Vale. *Anais da Imprensa Nacional do Rio de Janeiro de 1808 a 1822*. Rio de Janeiro: Tipografia Nacional, 1881.

[11] A edição de 1890 do *Terceiro livro de leitura* apresenta adaptações à nova situação política do país, conforme aponta o prólogo do autor: "Tendo-se esgotada a sexagésima-quarta edição deste livro, justamente quando foi proclamada a República dos Estados Unidos do Brasil, tratei logo de reformá-lo para a presente edição, pondo-o em harmonia com a nova organização social, e tornando-o ao mesmo tempo mais interessante e mais apropriado ao ensino da geração, que desponta, e portanto mais útil." BORGES, Abílio César. *Terceiro livro de leitura*: para uso das escolas brasileiras – nova edição reformada e melhorada. Rio de Janeiro: Francisco Alves, [1890].

da voz, se versa a leitura sobre assunto alegre ou triste, se exprime coragem ou receio, se repreensão, louvor.

Também da leitura da prosa difere muito a da poesia; porquanto, além das regras que acabo de dar-vos, deve-se fazer no fim de cada verso uma pequena pausa; e, além disto, o tom da voz toma uma expressão característica, de sorte que conhece logo o ouvinte ser verso, e não prosa, o que se está lendo.

A leitura em voz alta, com o fito de melhor dizer o texto, qualidade apreendida por imitação de "bons leitores", é também estimulada em *Vários estilos*, coletânea de Arnaldo de Oliveira Barreto (1869-1925) que abre com a crônica de Maria Amália Vaz de Carvalho (1847-1921) sobre "O saber ler":

Para ler bem, para dar a cor, o relevo, a vida, à obra do escritor; para ter, na voz e na expressão, a nota patética, o chiste, a vibração irônica, maliciosa, indignada; a doçura, a comoção, a tristeza, a alegria, o riso e as lágrimas – é preciso compreender, é preciso sentir, é preciso ser artista!

Isto não é somente um dom espontâneo; isto é o resultado de uma educação aprimorada e cuidadosa.

Nem todos a podem ter, talvez; mas muitos do que podiam não a têm, e por isso não hesitamos em recomendá-la como um dos elementos importantes de uma boa educação.[12]

---

[12] BARRETO, Arnaldo de Oliveira (Org.). *Vários estilos*. 8. ed. São Paulo: Melhoramentos, [S. d.].

A crônica da portuguesa Maria Amália Vaz de Carvalho inicia uma seleta destinada a estudantes de séries avançadas, não mais os meninos com quem dialogava Abílio César Borges. A leitura a que ela se refere significa nesse momento passagem para a literatura. Talvez por essa razão abra uma coletânea que exibe "vários estilos", exemplificados, conforme a seleção de Arnaldo de Oliveira Barreto, por *As três formigas, A mata, A árvore* e *O culto da forma*, de Alberto de Oliveira (1857-1937); *Firmo, o vaqueiro*, de Coelho Neto (1864-1934); *O sertanejo*, de Euclides da Cunha (1866-1909); *O evangelho das selvas*, de Fagundes Varela (1841-1875), *Y-Juca-Pirama*, de Gonçalves Dias (1823-1864); *A justa, Cecília e Peri* e *Sonhos d'ouro*, de José de Alencar (1829-1877); *A mosca azul, A agulha e a linha* e *Brás Cubas*, de Machado de Assis (1839-1909); *Pelo Brasil, O caçador de esmeraldas* e *Dom Quixote*, de Olavo Bilac (1865-1918); *A natureza*, de Raimundo Correia (1859-1911); *Última corrida de touros em Salvaterra*, de Rebelo da Silva (1822-1871); *As procelárias*, de Teófilo Dias (1854-1889); *Fugindo do cativeiro* e *O pequenino morto*, de Vicente de Carvalho (1866-1924), entre outros.

 A série de livros didáticos de João Kopke (1852-1926), produzida no início do século, também exemplifica esse pensamento, segundo o qual se começa pelo livro de leitura, encarregado de ajudar a memorizar a linguagem oral elevada, e desemboca-se no conhecimento da literatura, representada por textos modelares de escritores brasileiros. A metodologia de ensino que propõe expressa-se no quarto volume da série:

Nos três volumes anteriores, o **principal** fito da compilação foi fornecer base para os exercícios orais de **reprodução do lido e ampliação do vocabulário;** do presente até ao último, é seu intento, ampliando ainda e sempre o vocabulário, inspirar, pela prática e pelo comércio contínuo com os bons modelos, o gosto literário, nos ensaios de composição sobre diversos gêneros, a que será solicitado o aluno.[13]

Estão incluídos na seleção de Kopke os seguintes escritores: Alexandre Herculano (1810-1877), Almeida Garrett (1799-1854), Álvares de Azevedo (1831-1852), Antônio Carlos Ribeiro de Andrada (1835-1893), Antônio Feliciano de Castilho (1800-1875), Araújo Porto Alegre (1806-111879), Bernardo Guimarães (1825-1884), Bocage (1765-1805), Luís de Camões (ca. 1524-1580), Casimiro de Abreu (1839-1860), Castelo Branco (1825-1890), Castro Alves (1847-1871), Curvo Semedo (1766-1838), Eça de Queirós (1845-1900), Evaristo da Veiga (1799-1837), Fagundes Varela, Francisco Adolfo de Varnhagen (1816-1878), Gonçalves Crespo (1846-1883), Gonçalves Dias, Gregório de Matos (1636-1695), Guerra Junqueiro (1850-1923), João de Deus (1830-1896), João de Lemos (1819-1890), Joaquim Manuel de Macedo (1820-1882), José Bonifácio de Andrada e Silva (1763-1838), José de Alencar, Machado de Assis, Nicolau Tolentino (1740-1811), Pimentel Maldonado (1773-1838), Pinheiro Chagas (1842-1895), Ramalho Ortigão (1836-1915) e Sousa Viterbo (1845-1910).

---

[13] KOPKE, João. *Quarto livro de leituras*: para uso das escolas primárias e secundárias. 18. ed. Rio de Janeiro: Francisco Alves, 1924. Grifo do original.

Outra seleta, *Língua pátria*, de A. Joviano, no mesmo período sugere a predominância desse modelo, segundo o qual a leitura dos autores consagrados aprimora o gosto literário, de que resulta o bom uso da língua:

> No período do ensino, em que o aluno já tenha hábito das formas corretas para se exprimir e falar das cousas que o rodeiam e interessam, começa o seu vocabulário a receber o primeiro contingente de expressões e vocábulos literários. Estes novos elementos, adquiridos já em parte nas primeiras recitações, serão supridos agora, diretamente, pelas composições dos melhores autores, em leitura, interpretação e cópia dos trechos em prosa e verso, devendo ser preferidos os que mais se prestem a uma assimilação pronta, de aplicação imediata.
>
> O trabalho de assimilação das formas literárias pelo aluno se operará nas seguintes condições: a) imitando ele a leitura expressiva da professora; b) lendo por sua vez a interpretação do trecho literário; c) respondendo ao questionário que esclarece e confirma a interpretação feita; e, mais tarde, lendo o comentário e tomando parte na conversação; d) copiando o trecho literário, cuja ortografia e pontuação vão ser imitadas; e) lendo, aplicadas desde logo em frases e sentenças usuais, as expressões literárias que vão fazer parte do seu vocabulário; f) lendo em manuscrito e escrevendo o ditado da reprodução do texto original.[14]

---

[14] JOVIANO, A. Plano das lições. In: ____. *Língua Pátria*. 2. ed. aum. Rio de Janeiro: Papelaria e Tipografia Oriente, 1923.

A eficácia e a permanência desse modelo de ensino podem ser constatadas em depoimentos de escritores brasileiros educados no final do século XIX e nas primeiras décadas do século XX, como Laudelino Freire (1873-1937), que conta a João do Rio (1881-1921):

> As minhas primeiras leituras, na época em que estudava preparatórios (1890-1890), foram feitas em almanaques, seletas e pequenos manuais enciclopédicos, de que me resultaram os primeiros conhecimentos com os autores nacionais e portugueses mais em voga. Recordo-me do entusiasmo, ainda hoje conservado, com que lia e decorava as poesias de Castro Alves, Gonçalves Dias, Álvares de Azevedo, Fagundes Varela, Tobias Barreto (1839-1889), Casimiro de Abreu, Guerra Junqueiro, Tomás Ribeiro...[15]

Mario Quintana (1906-1994), no interior do Rio Grande do Sul, recorda as aulas de leitura de seu tempo, dominadas pela *Seleta em prosa e verso*, de Alfredo Clemente Pinto (1854-1938), lançada em 1883:

> Sim, havia aulas de leitura naquele tempo. A classe toda abria o livro na página indicada, o primeiro da fila começava a ler e, quando o professor dizia "adiante!", ai do que estivesse distraído, sem atinar o local do texto! Essa leitura atenta e compulsória seguia assim, banco por banco, do princípio ao fim da turma.[16]

---

[15] RIO, João do. *O momento literário*. Rio de Janeiro e Paris: Garnier, [S. d.].
[16] QUINTANA, Mario. *A vaca e o hipogrifo*. Porto Alegre: Garatuja, 1977.

José Lins do Rego (1901-1957) transplanta a situação para sua ficção, fazendo a literatura tematizar sua circulação na escola:

> Era um pedaço da Seleta clássica, que até me divertia. Lá vinha o Paquequer rolando de cascata em cascata, do trecho de José de Alencar. [...] A "Queimada" de Castro Alves e o há dous mil anos te mandei grito das "Vozes da África" [...] Esses trechos da Seleta clássica, de tão repetidos, já ficavam íntimos da minha memória.[17]

Com a Revolução de 30 e a criação do Ministério de Educação, deu-se nova regulamentação do ensino primário e secundário. Em junho de 1931, o Ministro expediu os "programas do curso fundamental do ensino secundário", fixando os objetivos e conteúdos para a matéria agora denominada Português.[18] A meta principal dessa cadeira é "proporcionar ao estudante a aquisição efetiva da língua portuguesa, habilitando-o a exprimir-se corretamente, comunicando-lhe o gosto da leitura dos bons escritores e ministrando-lhe o cabedal indispensável à formação do seu espírito bem como à sua educação literária." Para chegar a esse fito, cabe ao professor, "desde o princípio do curso", "tirar o máximo proveito da leitura, ponto de partida de todo o ensino, não se esquecendo de que, além de visar a fins educativos, ela oferece um manancial de ideias que fecundam e disciplinam a inteligência, prevenindo maiores dificuldades nas aulas de redação e estilo."

---

[17] REGO, José Lins do. Doidinho. 25. ed. Rio de Janeiro: Nova Fronteira, 1984.
[18] MINISTÉRIO DE EDUCAÇÃO E SAÚDE PÚBLICA. Organização do ensino secundário. Rio de Janeiro: Imprensa Nacional, 1931.

Novas "Instruções pedagógicas para a execução do programa de Português", dirigidas ao "curso ginasial do ensino secundário", são editadas em 1942[19]. No capítulo dedicado à "estrutura do curso de português", explica-se que as finalidades do programa são alcançadas "mediante um ensino pronunciadamente prático, que compreenderá três partes paralelas: gramática, leitura explicada e outros exercícios". A leitura é matéria de um capítulo inteiro do projeto, cabendo-lhe desempenhar o seguinte papel:

> *O professor se empenhará em obter o máximo proveito da leitura, não se esquecendo de que ela oferece, quando bem escolhida e orientada, um manancial de ideias que fecundam e disciplinam a inteligência e concorrem para acentuar e elevar, no espírito dos adolescentes, a consciência patriótica e a consciência humanística. Na leitura, explicada minuciosamente de todos os pontos de vista educativos, é que os alunos encontrarão boa parte da base necessária à formação de sua personalidade integral, bem como aquelas generalidades fundamentais de onde eles poderão subir a estudos mais elevados de caráter especial.*

Leitura e literatura integram-se ao programa de português, que toma sua feição definitiva. Ambas conduzem ao conhecimento da língua materna, que é simultaneamente **língua pátria** e **língua literária**. Por isso, nos livros didáticos dos anos 1940 e 1950 encontra-se o que é considerado o melhor da literatura nacional produzida até então. Três obras publicadas entre 1930 e 1950 exemplificam

---

[19] Reproduzido em: CRUZ, José Marques da. *Seleta*: Português prático para a 1ª e 2ª série do curso secundário. São Paulo: Melhoramentos, 1944.

que *corpus* era esse, a quem competia consolidar o cânone da literatura brasileira e a natureza da língua literária do país.

Em *Idioma pátrio*, de Modesto de Abreu (1901-1996), estão selecionados textos de Afonso Arinos (1868-1916), Artur de Azevedo (1855-1908), Domingos Olímpio (1851-1906), Emílio de Menezes (1866-1918), Eduardo Prado (1860-1901), França Júnior (1838-1890), Fagundes Varela, Gonçalves Dias, Inglês de Souza (1853-1918), João Ribeiro (1860-1934), Júlia Lopes de Almeida (1862-1934), José do Patrocínio (1853-1905), Júlio Ribeiro (1845-1890), Joaquim Nabuco (1849-1910), João Francisco Lisboa (1812-1863), Lindolfo Gomes (1875-1953), Luiz Murat (1861-1929), Luís Guimarães Júnior (1845-1898), Múcio Teixeira (1857-1926), Manuel Antônio de Almeida (1831-1861), Martins Pena (1815-1848), Paulo Barreto (João do Rio, 1881-1921), Paula Ney (1858-1897), Quintino Bocaiúva (1836-1912), Raul Pederneiras, Raimundo Correia, Rui Barbosa (1849-1923), Sotero dos Reis (1800-1871), Tobias Barreto, Visconde de Taunay (1843-1899), Xavier Marques (1861-1942) e Zalina Rolim (1869-1961).[20]

Nelson Costa, em *Leitura e exercício*, de 1945, em grande parte repete o elenco de autores, com a seguinte seleção de textos: *O rio*, de Afonso Arinos; *Anjo enfermo*, de Afonso Celso (1836-1912); *A casa da rua Abílio*; de Alberto de Oliveira, *Se eu morresse amanhã*, de Álvares de Azevedo, *A fazenda*; de Bernardo Guimarães, *Meus oito anos*; de Casimiro de Abreu; *Crepúsculo sertanejo*, de Castro Alves; *Paisagem*, de Coelho Neto; *Acrobata da dor*, de Cruz e Sousa (1861-1898); *Carta a um afilhado*, de Eduardo Prado; *O estouro da*

---

[20] ABREU, Modesto de. *Idioma pátrio*. São Paulo: Nacional, 1939.

boiada, de Euclides da Cunha; *O canto dos sabiás*, de Fagundes Varela; *Canção do exílio*, de Gonçalves Dias; *A queimada*, de Graça Aranha (1868-1931); *Meu pai*, de Humberto de Campos (1886-1934); *A mentira*, de João Ribeiro; *Contraste*, de Joaquim Manuel de Macedo; *O minuano*, de Júlia Lopes de Almeida; *A terra natal*, de Laurindo Rabelo (1826-1864); *A pororoca*, de Luís Guimarães Júnior; *Uma boa ação*, de Machado de Assis; *"Benedicte!"*, de Olavo Bilac; *De volta na terra*, de Paulo Setúbal (1893-1937); *A chegada*, de Raimundo Correia; *Os colegas*, de Raul Pompeia; *A um adolescente*, de Ronald de Carvalho (1893-1935); *Marinha*, de Rui Barbosa; *Pressentimento*, de Tobias Barreto; *O orgulho da águia*, de Vicente de Carvalho; e *Meio-dia*, de Visconde de Taunay.[21]

Esse mesmo grupo de autores e obras está presente ainda em *Seleta infantil*, de Orlando Mendes de Morais e Lígia Mendes de Morais, de 1951: *O sertão bruto*, de Afonso Arinos; *Anjo enfermo*, de Afonso Celso; *Os livros*, de Antônio Vieira (1608-1697); *A pororoca*, de Araripe Júnior (1848-1911); *Saudades*, de Casimiro de Abreu; *Nossa terra, nossa gente*, de Francisca Júlia (1871-1920); *A boiada*, de Humberto de Campos; *A espada encantada*, de Malba Tahan (1895-1974); *Amo minha pátria* e *O rio*, de Olavo Bilac, *Tarde sertaneja*, de Visconde de Taunay.[22]

A leitura constitui elemento fundamental na estruturação do ensino brasileiro porque forma sua base: está no começo da aprendizagem e conduz às outras etapas do conhecimento. O campo do ensino mais próximo dela é o da literatura,

---

[21] COSTA, Nelson. *Leitura e exercício*. 4. ed. melh. Rio de Janeiro: Francisco Alves, 1945.
[22] MORAIS, Orlando; MORAES, Lígia Mendes de. *Seleta infantil*. Rio de Janeiro: Aurora, 1951.

representada por textos exemplares da prosa em língua portuguesa, a partir da década de 1930, fornecidos pela ficção nacional.

Nem leitura, nem literatura, contudo, têm consistência suficiente para se apresentarem como disciplinas autônomas. No século XIX e inicio do século XX, a leitura em voz alta formava o estudante no uso da língua, em especial na expressão oral, respondendo às necessidades da Retórica, ainda dominante na escola. Quando a leitura tornou-se passagem para a literatura, revelando a ênfase agora dada ao escrito, tomaram acento na cadeira de Português, junto com seus companheiros de viagem, os textos literários. Mas nunca deixou de ser propedêutica, preparando para o melhor, que vem depois. Nesse sentido, é significativa a observação de Lourenço Filho (1897-1970), no prefácio dirigido aos professores colocado no primeiro volume da série *Pedrinho*, destinada ao ensino primário:

> Ler por ler nada significa. A leitura é um meio, um instrumento, e nenhum instrumento vale por si só, mas pelo bom emprego que dele cheguemos a fazer. O que mais importa na fase de transição, a que este livro se destina, são os hábitos que as crianças possam tomar em face do texto escrito.[23]

Dos anos 1950 em diante, as modificações se deveram às diferentes reformas de ensino implantadas na década de 1960, como a Lei de Diretrizes e Bases, e na década de 1970, que alteraram

---

[23] LOURENÇO FILHO, M. B. *Pedrinho*. 8. ed. São Paulo: Melhoramentos, 1959.

o desenho do ensino básico. Os livros didáticos, especialmente quando se constitui a disciplina de Comunicação e Expressão, na década de 1970, tiveram de responder às novas exigências. Mas não mudaram duas concepções principais:

a. a noção de que a leitura – não necessariamente em voz alta, mas sempre do texto literário – forma a base do ensino, concentrada nas disciplinas relacionadas à aprendizagem da língua materna. É o que se vê, por exemplo, no livro de Carlos Emílio Faraco (1946) e Francisco M. de Moura (1949), *Comunicação em língua portuguesa*, que divide os temas a estudar em unidades e, ao estruturá-las, toma "o texto [como] o ponto de partida para todas as atitudes"[24].

b. a noção de que os textos lidos, tão importantes para a aprendizagem, são passagem para um outro estágio, superior, situado fora do livro escolhido pela escola. No primeiro volume da série *Para gostar de ler*, que reúne crônicas de escritores brasileiros dos anos 1970, essa noção aparece de modo mais evidente. Na apresentação, dirigida ao "amigo estudante", os autores garantem que "este livro não tem a intenção de ensinar coisa alguma a você. Nem gramática nem redação nem qualquer matéria incluída no programa da sua série. [Pelo contrário,] nós só queremos convidar você a descobrir um mundo maravilhoso, dentro do mundo em que você vive. Este mundo é a leitura. Está à disposição de qualquer um, mas nem toda

---

[24] FARACO, Carlos Emílio; MOURA, Francisco M. de. *Comunicação em língua portuguesa*. 3. ed. São Paulo: Ática, 1983.

gente sabe que ele existe, e por isso não pode sentir o prazer que ele dá."[25]

Por isso, o livro pode ser aberto "em qualquer página", dando acesso a uma crônica, gênero "que procura contar ou comentar histórias da vida de hoje". Essas histórias do cotidiano poderiam ter acontecido "até com você mesmo", só que "uma coisa é acontecer, outra coisa é escrever aquilo que aconteceu". É quando se produz a diferença:

> Então você notará, ao ler a narração do fato, como ele ganha um interesse especial, produzido pela escolha e pela arrumação das palavras. E aí começa a alegria da leitura, que vai longe. Ela nos faz conferir, pensar, entender melhor o que se passa dentro e fora da gente. Daí por diante a leitura ficará sendo um hábito, e esse hábito leva a novas descobertas. Uma curtição.

Tornada hábito, a leitura se entranha na vida do sujeito. Mas o texto que o "amigo estudante" tem nas mãos não é ainda o ponto de chegada; o que interessa, conforme os cronistas Carlos Drummond de Andrade (1902-1987), Fernando Sabino (1923-2004), Paulo Mendes Campos (1922-1991) e Rubem Braga (1913-1990), que assinam a nota de abertura, são os "bons livros"; mas estes só vêm depois: "As crônicas serão apenas um começo. Há um infinito de coisas deliciosas que só a leitura oferece, e que você irá encontrando sozinho, pela vida afora, na leitura dos bons livros."

---

[25] ANDRADE, Carlos Drummond de et al. *Para gostar de ler*: crônicas. 6. ed. São Paulo: Ática, 1981.

Percorrido o longo caminho que leva dos "caros meninos" de Abílio César Borges ao "amigo estudante" de nossos melhores cronistas, chega-se ao mesmo lugar: a leitura proposta pela escola não se justifica sem exibir um resultado que está além dela. Sem a exposição de finalidade situada mais além que dê visibilidade e sentido ao trabalho com textos escritos, o ensino de leitura ou a própria leitura não se sustentam. Eis a utopia da leitura, utopia, no entanto, que a desfigura, porque promete uma felicidade que está além dela, mas pela qual não pode se responsabilizar.

Será que os filósofos tinham razão em rejeitar o texto escrito?

Eric A. Havelock (1903-1988), em *Preface to Plato*, tenta justificar a posição de Platão, alegando que este tinha em mente conservar a tradição oral da poesia grega e poupá-la do eventual uso político que sua transmissão por escrito facultava.[26] Schopenhauer, por sua vez, condenava particularmente a literatura de massa, em ascensão à época: "Nove décimos de toda nossa literatura atual não tem outra finalidade a não ser a de tirar alguns centavos do gosto do público: com este objetivo conspiram decididamente o autor, o editor e o crítico."[27]

> *É por isso que, no que se refere a nossas leituras, a arte de não ler é sumamente importante. Esta arte consiste em nem sequer folhear o que ocupa o grande público, o tempo todo, como panfletos políticos ou literários, romances, poemas, etc., que fazem tanto barulho durante*

---

[26] HAVELOCK, Eric A. *Preface to Plato*. 2 ed. Cambridge and London: Harvard University Press, 1982.

[27] SCHOPENHAUER, Arthur. *Sobre livros e leitura*. Trad. Philippe Humblé e Walter Carlos Costa. Porto Alegre: Paraula, [1994]. p. 29.

algum tempo, atingindo mesmo várias edições no seu primeiro e último ano de vida [...]. (p. 33)

Na contramão da recusa sistemática, talvez possamos encontrar a teoria da literatura. A poética tendeu frequentemente a colocar-se de modo normativo diante dos textos literários, o que facultou sua circulação pela escola, como podem dar a entender os trechos citados, originários de livros didáticos e de instruções governamentais; mas, esgotada, deu lugar às vanguardas, que, sob várias formulações, produziram criações destinadas a escandalizar o público, até então ocupado, a julgar pelas palavras de Schopenhauer, em "folhear" obras "que fazem tanto barulho durante algum tempo".

Vanguarda e escola são termos inconciliáveis, pois, como escreve Mário de Andrade, "escola = imbecilidade de muitos para vaidade dum só."[28] Logo, a proposta de uma teoria da leitura dentro desses quadros só poderia se dar fora do âmbito da escola, e à revelia dela. Hans Robert Jauss (1921-1997), em um ensaio em que discute a tragédia de Johann Wolfgang Goethe (1749-1832), *Ifigênia em Táuride*, propõe para o ensino da literatura uma metodologia de trabalho que libere a obra das amarras – no caso, o classicismo – a que a escola a condenou.[29] É o que ele denomina *salvação* da obra de arte, possível de ser obtida se a

---

[28] ANDRADE, Mário de. Prefácio interessantíssimo. In: _____. *Paulicéa desvairada*. São Paulo: Martins, [S.d.].

[29] Cf. JAUSS, Hans Robert. Racines und Goethes Iphigenie - Mit einem Nachwort über die Partialität der rezeptionsästhetischen Methode. In: WARNING, Rainer. *Rezeptionsästhetik* –: Theorie und Praxis. München: Fink, 1975.

atividade de interpretação – a hermenêutica – recuperar o elemento emancipatório do texto.

Emancipação, noção cara aos iluministas, é palavra-chave no universo teórico da estética da recepção, em particular de Hans Robert Jauss. A literatura se produz em nome dela, porque lhe compete "a emancipação da humanidade de suas amarras naturais, religiosas e sociais"[30]. Esse papel é consequência da experiência da leitura:

> A experiência da leitura pode liberá-lo [o leitor] de adaptações, prejuízos e apertos de sua vida prática, obrigando-o a uma nova percepção das coisas. O horizonte de expectativas da literatura distingue-se do horizonte de expectativas da vida prática histórica, porque não só conserva experiências passadas, mas também antecipa a possibilidade irrealizada, alarga o campo limitado do comportamento social a novos desejos, aspirações e objetivos e com isso abre caminho à experiência futura. (p. 150)

Revelador nessa afirmação de Jauss é o lugar atribuído à leitura: por intermédio dela, a literatura preenche sua função emancipatória, exercida em companhia do leitor:

> A função social da literatura só se manifesta em sua genuína possibilidade ali onde a experiência literária do leitor entra no horizonte de expectativa de sua vida prática, pré-forma sua compreensão do mundo e, com isso, repercute também em suas formas de comportamento social. (p. 148)

---

[30] JAUSS, Hans Robert. Literaturgeschichte als Provokation der Literaturwissenschaft. In: WARNING, Rainer. Rezeptionsästhetik: Theorie und Praxis. München: Fink, 1975. p. 154.

Não é, contudo, Jauss quem explicita como pode ser entendido o ato de ler, mas Wolfgang Iser (1926-2007)[31], segundo o qual a natureza da obra literária determina as características da leitura e seus efeitos: sendo objeto intencional, portanto, carente de determinação plena, a especificidade da obra literária reside no fato de não apresentar objetos empíricos, mas de constituir seus próprios objetos, sem equivalência com o mundo real. Como a intenção da obra não é formulada expressamente, cabe ao leitor descobri-la; essa falha impõe a interação do leitor com o texto.

O mundo representado pelo texto literário corresponde a uma imagem esquemática, contendo inúmeros pontos de indeterminação. Personagens, objetos e espaços aparecem de forma inacabada e exigem, para serem compreendidos e introjetados, que o leitor os complete. A atividade de preenchimento desses pontos de indeterminação caracteriza a participação do leitor, que, todavia, nunca está seguro se sua visão é correta. A ausência de uma orientação definida gera a assimetria entre o texto e o leitor; além disso, as instruções que poderiam ajudar o preenchimento dispersam-se ao longo do texto e precisam ser reunidas para que se dê o entendimento; assim, o destinatário sempre é chamado a participar da constituição do texto literário, e a cada participação, em que ele contribui com sua imaginação e experiência, novas reações são esperadas.

---

[31] Cf. ISER, Wolfgang. Die Appellstruktur der Texte. In: WARNING, Rainer. *Rezeptionsästhetik*. Theorie und Praxis. München: Fink, 1975; _____. Der Lesevorgang. Eine phänomenologische Perspektive. In: WARNING, Rainer. Op. cit.; _____. Die Wirklichkeit der Fiktion. In: WARNING, Rainer. Op. cit.; _____. *Der Akt des Lesens*. Theorie ästhetischer Wirkung. München: Fink, 1976; _____. A interação do texto com o leitor. In: LIMA, Luiz Costa. *A literatura e o leitor*: Textos de Estética da Recepção. Rio de Janeiro: Paz e Terra, 1979.

Os pontos de indeterminação, vazios ou lacunas de que a obra literária necessariamente se constitui, conforme pensa Roman Ingarden (1893-1970)[32], são a porta de entrada no texto, utilizadas pelo leitor, que, ao preenchê-las, concretiza as expectativas do mundo ficcional representado. Logo, as reações do leitor são induzidas pela estrutura do texto, que contém indeterminações, bem como orientações, códigos, estratégias e comentários; mas o leitor participa da construção do texto quando traz para dentro dele seus próprios códigos. Dão-se, pois, dois tipos de concretização: a do horizonte implícito de expectativas proposto pela obra, intraliterário, e a do horizonte de expectativas extraliterárias, que balizam o interesse estético dos leitores. Da inter-relação do efeito condicionado pela obra com a modalidade de recepção trazida pelo público nasce o diálogo entre o texto e o leitor, a integração ou o conflito entre esses dois seres vivos.

O texto depende da disponibilidade do leitor de reunir em uma totalidade os aspectos que lhe são oferecidos, criando uma sequência de imagens e acontecimentos que desemboca na constituição do significado da obra. Esse significado só pode ser construído na imaginação, depois de o leitor absorver as diferentes perspectivas do texto, preencher os pontos de indeterminação, sumariar o conjunto e decidir-se entre iludir-se com a ficção e observá-la criticamente. A consequência é que ele aprende e incorpora vivências e sensações até então desconhecidas, por faltarem em sua vida pessoal.

Assim sendo, ao ler, o leitor ocupa-se efetivamente com os pensamentos de outro, como advertia Schopenhauer. Mas essa experiência

---

[32] INGARDEN, Roman. *A obra de arte literária*. Lisboa: Fundação Calouste Gulbenkian, 1973; BORDINI, Maria da Glória. *Fenomenologia e teoria literária*. São Paulo: Edusp, 1990.

de substituir a própria subjetividade por outra é única: o indivíduo abandona temporariamente sua própria disposição e preocupa-se com algo que até então não experimentara. Traz para o primeiro plano algo diferente, momento em que vivencia a alteridade como se fosse ele mesmo; entretanto, as orientações do real não desaparecem, e sim formam um pano de fundo contra o qual os pensamentos dominantes do texto assumem certo sentido. Também por esse lado a relação entre os dois sujeitos – o leitor e o texto – é dialógica.

Pensar pensamentos alheios não implica apenas compreendê-los, mas supostamente conduz a uma alteração naquele que pensa, o leitor: "pensar pensamentos de outros não quer dizer apenas compreendê-los; tais atos de compreensão só podem ser bem sucedidos se eles ajudam a formular alguma coisa em nós."[33] Os atos de compreensão envolvidos no processo de constituição do significado capacitam o leitor a refletir sobre si e a descobrir um mundo a que até então não tivera acesso.

Wolfgang Iser acredita que os textos literários não desaparecem no tempo e resistem às mudanças históricas, não por exporem valores perenes, mas porque sua estrutura, extremamente permeável, faculta aos leitores de épocas distintas inserirem-se nos acontecimentos ficcionais representados e compartilharem o universo de alteridade ali presente. Se ler é pensar o pensamento de outros, é igualmente abandonar a própria segurança para ingressar em outros modos de ser, refletir e atuar. É, por fim, apreender não

---

[33] ISER, Wolfgang. *Der Akt des Lesens*: Theorie ästhetischer Wirkung. München: Fink, 1976. p. 255; _____. *The Act of Reading*: a Theory of Aesthetic Response. Baltimore and London: The Johns Hopkins University Press, 1978. p. 158.

apenas a respeito do que se está lendo, mas, e principalmente, sobre si mesmo.

A leitura implica aprendizagem se o texto foi aceito como alteridade com a qual um sujeito dialoga e perante a qual se posiciona. A leitura implica aprendizagem quando a subjetividade do leitor é acatada e quando o leitor, ele mesmo, aceita-se como o eu que perde e ganha sua identidade no confronto com o texto. Que nem todos os leitores admitem as regras desse processo, sugere o depoimento de Schopenhauer; que instituições como a escola ainda não descobriram como trabalhar com esse jogo entre identidade-alteridade, mostra a trajetória da leitura no ensino da língua portuguesa.

Que a ficção sempre soube jogar esse jogo, indica a história da literatura que registra a presença de obras sobre os efeitos da leitura, clássicas como o D. *Quixote*, de Miguel de Cervantes (1547-1616), ou recentes como a de Italo Calvino (1923-1985), *Se um viajante numa noite de inverno*. Por que a escola não pode aprender com a literatura, em vez de ensiná-la?

Seja, nesse caso, Carlos Drummond de Andrade outra vez nosso "guia de leitura", ele que, no poema *Biblioteca Verde*, registra as emoções provocadas pela posse dos livros pertencentes à Biblioteca Internacional de Obras Célebres, coleção de prestígio distribuída no Brasil nas primeiras décadas do século XX[34]. Depois de muito insistir com o pai, que não queria adquirir a Biblioteca, mas que, pressionado ("Compra, compra, compra", repete o menino), acaba cedendo, o poeta recorda o modo como se apropriou dos livros:

---

[34] Sobre a Biblioteca Internacional de Obras Célebres, ver SARAIVA, Arnaldo. *Fernando Pessoa*: Poeta - tradutor de poetas. Porto: Lello, 1996.

Chega cheirando a papel novo, mata
de pinheiros toda verde. Sou
o mais rico menino destas redondezas.
(Orgulho, não; inveja de mim mesmo.)
Ninguém mais aqui possui a coleção
das Obras Célebres. Tenho de ler tudo.
Antes de ler, que bom passar a mão
no som da percalina, esse cristal
de fluida transparência: verde, verde.
Amanhã começo a ler. Agora não.
Agora quero ver figuras. Todas.
Templo de Tebas. Osíris, Medusa,
Apolo nu, Vênus nua... Nossa
Senhora, tem disso nos livros?
Depressa, as letras. Careço ler tudo.
A mãe se queixa: Não dorme este menino.
O irmão reclama: Apaga a luz, cretino!
Espermacete cai na cama, queima
a perna, o sono. Olha que eu tomo e rasgo
essa Biblioteca antes que eu pegue fogo
na casa. Vai dormir menino, antes que eu perca
a paciência e te dê uma sova. Dorme,
filhinho meu, tão doido, tão fraquinho.
Mas leio, leio. Em filosofias
tropeço e caio, cavalgo de novo
meu verde livro, em cavalarias
me perco, medievo; em contos, poemas
me vejo viver. Como te devoro,

verde pastagem. Ou antes carruagem
de fugir de mim e me trazer de volta
à casa a qualquer hora num fechar
de páginas?
Tudo que sei é ela que me ensina.
O que saberei, o que não saberei
nunca,
está na Biblioteca em verde murmúrio
de flauta-percalina eternamente.[35]

A apropriação do texto se dá de modo praticamente ritualístico: primeiro, ele apalpa a obra, sentindo-a de modo táctil e explicitando a natureza carnal do livro. Depois, procura as figuras, detendo-se nas imagens visuais, para só então mergulhar nas letras, que o conduzem a universos fantásticos, distantes no tempo, no espaço e nas ideias, mas próximos dele, dada a materialidade do livro, para onde o leitor, apaixonado, sempre retorna.

A experiência de Carlos Drummond de Andrade dá-se no interior da família e da vida doméstica, testemunhada pelo pai, a mãe e o irmão, que não participam da viagem imaginária do futuro poeta. Olavo Bilac experimenta fenômeno similar, mas em cenário diferente, a escola. A crônica *Júlio Verne* registra a admiração do escritor e de seus colegas pelo ficcionista francês, cujas obras eram lidas por todos, conforme um processo de socialização ausente na situação apresentada pelo poema:

---

[35] ANDRADE, Carlos Drummond de. Biblioteca Verde. In: ____. *Menino antigo (Boitempo - II)*. Rio de Janeiro: Sabiá; José Olympio; Brasília: Instituto Nacional do Livro, 1983. p. 129-130.

> No colégio, todos nós líamos Júlio Verne; os livros passavam de mão em mão; e, à hora do estudo, no vasto salão de paredes nuas e tristes, – enquanto o cônego dormia a sesta na sua vasta poltrona, e enquanto o bedel, que era charadista, passeava distraidamente entre as carteiras, combinando enigmas e logogrifos, – nós mergulhávamos naquele infinito páramo do sonho, e encarnávamo-nos nas personagens aventureiras que o romancista dispersava, arrebatados por uma sede insaciável de perigos e de glórias, pela terra, pelos mares e pelo céu.[36]

O contexto é outro, mas, em ambos os casos, os leitores vivenciam encantamento similar, fundado na profunda identificação com a história narrada:

> Oh! os homens e as cousas que vi, as paisagens que contemplei, os riscos que corri, os amores que tive, os sustos que curti, os combates em que entrei, os hinos de vitória que encantei e as lágrimas de derrota que chorei, – viajando com Júlio Verne, conduzido pela sua mão sobre-humana! Quase morri de frio no polo, de fome numa ilha deserta, de sede na árida solidão do centro da África, de falta de ar no fundo da terra, de deslumbramento na proximidade da lua!
> Atravessei areais amarelos e infinitos, beijei com os olhos oásis esplêndidos, dormi à sombra das tamareiras da Síria e à sombra dos pagodes da Índia, contemplei o lençol intérmino das águas dos grandes rios, cacei tigres e crocodilos na Ásia e na África, arpoei baleias no mar alto, perdi-me em florestas virgens, naveguei no fundo do mar entre

---

[36] BILAC, Olavo. Júlio Verne. In: _____. *Obra reunida*. Organização e Introdução de Alexei Bueno. Rio de Janeiro: Nova Aguilar, 1996. p. 726-729.

vegetações fantásticas e animais imensos, ouvi o estrondo da queda do Niágara, enjoei com o balanço de um balão no meio do céu formigante de astros, e quase fui comido vivo pelos Peles Vermelhas!...

A essa exaltação opõe-se o mundo escolar, a que o leitor volta quando o livro se encerra:

> *E, quando os meus olhos pousavam sobre a última linha de um desses romances, quando eu me via de novo no salão morrinhento e lúgubre, quando ouvia de novo o ressonar do cônego e as passadas do bedel charadista, – havia em mim aquela mesma súbita descarga de força nervosa, aquele mesmo afrouxamento repentino da vida, aquele mesmo alívio misturado de tristeza [...].*
>
> *Era o regresso à triste realidade, à tábua dos logaritmos, à gramática latina, à palmatória do cônego, às charadas do bedel. Era o desmoronamento dos mundos, o eclipse dos sóis, a ruína dos astros: era o pano de boca que descia sobre o palco da ilusão matando a fantasia e ressuscitando o sofrimento...*

Para experimentar efeito similar, o menino Lima Barreto (1881-1922), tal como o pequeno Carlos Drummond, conta com a solidariedade do pai, consumidor dos livros de Júlio Verne (1828-1905):

> *A minha literatura começou por Jules Verne, cuja obra li toda. Aos sábados, quando saía do internato, meu pai me dava uma obra dele, comprando no Daniel Corrazzi, na Rua da Quitanda. Custavam mil-réis o volume, e os lia, no domingo todo, com afã e prazer inocente.*[37]

---

[37] BARRETO, Afonso H. Lima. O cemitério dos vivos. São Paulo: Brasiliense, 1961. p. 88.

Por sua vez, no que se refere aos efeitos dessa leitura, Lima Barreto está mais próximo de Olavo Bilac do que jamais sonhou a estética de ambos:

> Fez-me sonhar e desejar saber e deixou-me na alma não sei que vontade de andar, de correr aventuras, que até hoje não morreu, no meu sedentarismo forçado na minha cidade natal. O mar e Jules Verne me enchiam de melancolia e de sonho. [...] Do que mais gostava, eram aquelas que se passavam em regiões exóticas, como a Índia, a China, a Austrália; mas, de todos os livros, o que mais amei e durante muito tempo fez o ideal da minha vida foram as Vinte mil léguas submarinas. Sonhei-me um Capitão Nemo, fora da humanidade, só ligado a ela pelos livros preciosos, notáveis ou não, que me houvessem impressionado, sem ligação sentimental alguma no planeta, vivendo no meu sonho, no mundo estranho que não me compreendia a mágoa, nem ma debicava, sem luta, sem abdicação, sem atritos, no meio de maravilhas.

Jorge Amado (1912-2001) foi outro viajante do imaginário, valendo-se da ajuda, por um lado, do britânico Jonathan Swift (1667-1745), autor das *Viagens de Gulliver*, por outro, de seu professor, o padre pouco ortodoxo em matéria de ensino que lhe pôs nas mãos livros salvadores:

> No colégio dos jesuítas, pela mão herética do padre Cabral, encontrei nas Viagens de Gulliver os caminhos da libertação, os livros abriram-me as portas da cadeia. A heresia do padre Cabral era extremamente limitada, nada tinha a ver com os dogmas da religião. Herege

apenas no que se referia aos métodos de ensino da língua portuguesa, em uso naquela época, ainda assim essa pequena rebeldia revelou-se positiva e criadora.[38]

Leitura é viagem, mostram os escritores: no sentido literal, quando as obras se deslocam de um centro urbano para o interior de Minas Gerais, conforme recorda Drummond; e metafórico, quando são os leitores que rumam para terras distantes e universos longínquos. Da rotina cotidiana para o mundo da fantasia, o caminho não é longo, desde que o instrumento – o livro – esteja ao alcance de seu destinatário; e esse percurso é de mão dupla, porque o leitor invariavelmente retorna ao lugar de onde partiu.

No meio do caminho há a escola. Bilac contrapõe a sala de estudos, de "paredes nuas e tristes", à paisagem exuberante que sua imaginação frequenta por força da linguagem de Júlio Verne. Jorge Amado não está muito longe dessa apreciação, porque precisou encontrar um padre "herético" para poder ultrapassar a "limitada vida do aluno interno" a que estava condenado. Brito Broca (1903-1961), por sua vez, divide-se entre a leitura apaixonada e os deveres escolares, executados sob o olhar vigilante do pai.

Broca narra de que modo se tornou admirador de Júlio Verne: por influência da avó materna, foi levado à leitura dos romances desse escritor e, como Lima Barreto, empenhou seus tostões na compra dos volumes que, nesse caso reprisando Carlos Drummond de Andrade, chegavam com dificuldade à cidade interioriana onde morava:

---

[38] AMADO, Jorge. O menino grapiúna. Rio de Janeiro: Record, 1981. p. 101.

> Na minha infância e nos primórdios da adolescência, embora me fosse geralmente controlada pela vigilância paterna a leitura de romances, tive a meu favor a circunstância de minha avó os ter lido apaixonadamente na mocidade e a efusão com que meu pai os lia, sempre que conseguia subtrair algum tempo a uma vida terrivelmente afanosa. [...] Como eu embevecido, manifestasse o desejo de penetrar também nesses mundos maravilhosos, ela tinha o cuidado de me observar que os meus domínios seriam outros, os de Júlio Verne, cujo encanto também experimentara. Falava-me das Aventuras do Capitão Hateras, de Cinco Semanas em um Balão, de A Volta ao Mundo em Oitenta Dias. Mas onde encontrar esses livros? Não era fácil adquiri-los, no Interior, naquele tempo. Marcou, assim, uma data na minha vida o dia em que, à força de rigorosa economia, poupando tostão a tostão, consegui mandar comprar em São Paulo o primeiro romance de Júlio Verne: Atribulações de um Chinês na China.[39]

Mas à sua fome de ler contrapõe-se a necessidade de fazer os deveres de casa, impostos pela escola. A cena noturna, repartida entre livros de ficção e temas escolares, retrata a oscilação do menino entre os dois mundos, agora separados pela figura paterna:

> Relembro o quadro. À noitinha, depois que o comércio fechava, ei-lo entrar, trazendo para casa os livros de escrituração mercantil, em que trabalhava até pouco depois das dez.

---

[39] BROCA, Brito. O 'Vício Impune'. In. _____. *Escrita e vivência*. Campinas: Ed. da Unicamp, 1993. p. 15.

Logo que ele assumia o posto, eu vinha colocar-me defronte, no outro canto da mesa, com os meus cadernos, os meus livros escolares. Nem sempre, porém, me entretinha nessa tarefa; muitas vezes, dando-a por cumprida naquele dia, trazia, em lugar dos compêndios, um romance e me entregava com fruição à leitura. Como as horas passavam depressa! Ao bater das dez, meu pai fechava os vastos in-fólios de contabilidade [...]. Se eu permanecia na leitura, não dando mostras de me aprontar, também para deitar-me, ele intervinha: - "Vamos, basta de leitura, são horas de dormir." - "Faltam só algumas páginas - desculpava eu - já estou no fim..." E como os minutos corressem e o fim não chegasse, ele advertia, já num tom meio severo: - "Acaba com isso, já disse, tem muito tempo, amanhã, para ler." Não havia outro remédio senão fechar o livro, a mente a fervilhar de imagens e peripécias. Com que desespero, nessas implacáveis dez horas, interrompi a leitura de tantos romances que me empolgaram dos onze aos quinze anos! Lá deixava os heróis às voltas com as situações mais complicadas: Phileas Fog e Passepartout em apuros; Estácio, arrancando a espada, pronto a morrer por Inezita.

Raras vezes a escola, seu aparato (como salas de aula), seus instrumentos (como o livro didático) e sua metodologia (como a execução do dever de casa) provocam lembranças aprazíveis de leitura. As atividades pedagógicas provocam tédio, quando não são vivenciadas como aprisionamento, controle ou obrigação. A leitura parece ficar do lado de fora, porque os professores não a incorporam ao universo do ensino.

Quem lê, contudo, quer o lado de fora, para onde se desloca, comandado pela imaginação. Por isso, talvez seja o caso de se pensar em transformar o "de dentro" da sala de aula em "de fora" da leitura. Para obter esse resultado, os escritores oferecem o receituário que os fez leitores vorazes: contestar as normas, como sugere Jorge Amado; deixar o livro ao alcance da mão, para ser apalpado, cheirado, folheado, como desejou Carlos Drummond de Andrade; nunca, porém, deixar que se rompa o fio da viagem, onde se equilibram todos esses andarilhos da literatura brasileira.

um**ponto**três
Democracia, educação e leitura

Como sistema político, a democracia implica uma modalidade de funcionamento do Estado, segundo a qual este governa por intermédio de consultas periódicas à população civil. A participação de todos é o princípio básico de seu desempenho; contudo, a participação direta raramente acontece, nem todos efetivamente colaboram: excluem-se as crianças, os idosos, os soldados, os presos, os inválidos mentais e, até pouco tempo, os analfabetos, numerosos no Brasil. Há um horizonte de excepcionalidade que congrega aqueles que, por lei, não podem ser consultados. Por sua vez, essa condição é mutável e transitória, sobretudo no que diz respeito às crianças. Ao crescerem e ao serem alfabetizados, o que, para a infância, pode ocorrer ao mesmo tempo, a democracia deixa de ser um bem inacessível (a não ser que seja inacessível para todos), apresentando-se como um sistema alcançável e exequível.

A entidade que assegura a integração a um governo de participação popular é a escola; e, segundo sua organização, é o letramento que se constitui na alavanca que aciona a aprendizagem como um todo. Logo, é a mudança do indivíduo em leitor que, do ângulo individual, oferece o requisito primeiro para a atuação política plena em uma sociedade democrática. Para além desse fato, há a exigência, óbvia e irrestrita, de que a sociedade seja autenticamente democrática, e não apenas se autoproclame como tal.

O fato enunciado, que coloca a escola e a prática da leitura no miolo do funcionamento de uma sociedade que almeja a mais ampla participação popular, não significa mera coincidência. Com efeito, desde a revitalização, a partir do século XVIII, dos princípios políticos liberais, que sustentam um sistema de governo que se deseja democrático, assiste-se, simultânea ou consequentemente, ao incentivo à alfabetização generalizada da população. Esta depende da ampliação da rede escolar, da imposição do ensino obrigatório e da gratuidade deste último, sobretudo no primeiro ciclo da vida discente. A pedagogia moderna é implantada no mesmo período, primeiramente por iniciativa das seitas religiosas mais comprometidas com a ideologia burguesa ascendente – como os protestantes e os jesuítas. Depois, passa para a responsabilidade do Estado, quando este é ocupado pela burguesia após as diferentes revoluções que sacodem a Europa e a América ao longo dos séculos XIX e XX.

Assim sendo, se a camada burguesa elabora seu projeto político liberal por meio da reapropriação da concepção democrática grega, de curta vigência na Atenas do século V a.C., ela garante seu exercício por intermédio de dois importantes instrumentos. De um lado, procede à reorganização do aparelho estatal, que se torna tanto mais flexível quanto, o que é paradoxal à primeira vista, mais complexo e multifacetado. De outro, antepõe àquele um segundo aparelho, igualmente complexo, mas não tão elástico, porquanto mais hierárquico e seletivo: a escola moderna, subdividida em ciclos e níveis, aos quais se ascende paulatinamente mediante um sistema bem engrenado, com conotações ritualísticas, constituído por provas e avaliações periódicas e sucessivas.

Se, no topo desse processo, coloca-se a conquista do grau universitário, passaporte para o exercício de uma profissão de tipo liberal, com um estatuto bastante superior ao dos antigos ofícios medievais, e para o preenchimento de um lugar no espectro social, no patamar mais baixo fica a alfabetização. Através dela possibilita-se o ingresso no universo de sinais característicos do código escrito. O privilégio atribuído a este determina a valorização tanto da prática da leitura, quanto de uma modalidade de comunicação vinculada à linguagem verbal, depositada em um objeto particular, o livro, o que contraria, de certa maneira, a experiência até então vivenciada pelo aprendiz, fundada principalmente na oralidade e no visual.

A escolha dessa forma de comunicação por parte do sistema escolar relaciona-se a fenômenos históricos contemporâneos, cuja expansão, iniciada na mesma época, repercute até nossos dias. São eles:

a. A ascensão do livro à condição de produto industrializado. Se ele surgira na Antiguidade, e sua técnica de produção passara por substancial incremento após a invenção da imprensa por Gutenberg no século XV, sua difusão efetiva e contínua somente ocorre a partir do século XVIII, com o aperfeiçoamento da imprensa mecânica e o barateamento do preço do papel.

b. O aumento do número de formas de comunicação por escrito, bem como a consagração do jornal como principal meio de circulação de informações, impresso até o começo do século XXI, quando passa a ser difundido também por intermédio de ferramentas *on-line*.

c. O crescimento do número de gêneros literários destinados a agradar o gosto popular: a balada impressa e não mais cantada, o cartaz (*poster*) noticioso e de propaganda, o folhetim e o romance. Essas espécies narrativas passaram a consistir no cotidiano cultural dos grupos urbanos, embora seus gêneros não constassem com o mesmo prestígio artístico, que começou a variar conforme a extração social do consumidor. O romance, por exemplo, preferido pelas classes médias e superiores, como a burguesia mais endinheirada, alcançou, depois de certo tempo, o estatuto de arte literária, enquanto que as demais modalidades, por contarem tão somente com a adesão dos grupos populares nas zonas urbanas em franca expansão, foram aos poucos intelectualmente desprezadas.

O fato de que dessa produção popular não fossem exigidas durabilidade e consistência, sendo mesmo enfatizada sua tendência descartável, permitiu que se multiplicasse rápida e intensamente, em um impulso que ainda hoje repercute. Constitui-se aos poucos no que posteriormente foi designado como "indústria cultural", que atualmente incorpora também formas de comunicação veiculadas por meios meramente auditivos, visuais ou digitais; e tornou-se objeto do preconceito e superioridade com que certos círculos intelectuais contemplam essa massa de obras que nunca deixou de transitar nos diversos, e mais numerosos, segmentos da população.

Ao lado desses fatores, cabe mencionar ainda as razões de ordem ideológica que explicam por que a escola privilegiou a alfabetização e o domínio dos mecanismos de leitura desde a época aqui descrita. Primeiramente, tratava-se de atribuir primazia ao livro como instrumento de apreensão da realidade. Para a classe burguesa, esse fato coincidiu com a valorização de um procedimento inserido no seu cotidiano. Propondo-se a solapar a dominação imposta pela aristocracia, respaldada na tradição e nos eventos passados, o Iluminismo, síntese teórica mais completa do pensamento burguês, alçou o domínio de uma cultura enciclopédica a requisito indispensável para a atuação na sociedade e como sinal de distinção.

Ao autoritarismo da tradição e do consagrado que, aparentemente, desafiava a racionalidade e o bom senso, o Iluminismo contrapôs a importância do saber e da inteligência como modos de conhecer a realidade e atuar sobre ela. Por isso, foi possível transformá-los em instrumento para a conquista do poder. A cultura deixou de ser um bem em si mesma – não por acaso a *Enciclopédia*, de Denis Diderot (1713-1784) e D'Alembert (1717-1783), foi uma valiosa arma dos liberais franceses antes de sua revolução –, para se converter, simultaneamente, em sintoma de *status* e condição para uma atividade produtiva, vale dizer, ganhar dinheiro, exercer uma profissão rentável e ascender política e socialmente.

Ao caráter utilitário e imediatista atribuído à cultura, a burguesia somou ainda uma outra vantagem: legitimou a necessidade de escolarização, já que apenas aos indivíduos graduados e regularmente titulados seriam concedidos espaços e oportunidades de elevação social. A frequência à escola tornou-se obrigatória por meios diretos e também indiretos, de modo que a burguesia pôde encarregá-la da transmissão e cristalização de seus valores.

A nova organização desencadeou uma forma inédita de mobilidade social, segundo a qual todos possuem meios de ascender lentamente os degraus da sociedade, desde que credenciados, de maneira legal, em termos profissionais. À hierarquia rígida que a precedeu, instituída pela nobreza de origens feudais, a burguesia contrapôs um sistema flexível, cuja única condição de ingresso é a assiduidade à escola, esta, ao menos em tese, gratuita e universal. Assim, são oferecidas oportunidades iguais de elevação, sem discriminações de qualquer natureza. Comprova-se, de modo visível, o projeto igualitário de ideologia burguesa, o que não impede que as disparidades afluam em outro nível: entre as escolas, que atendem ricos e pobres de modo diferenciado e seletivo.

Ao final, ainda um último benefício: a cada indivíduo, desde a infância, é imposta a noção de que o conhecimento prático de nada vale, mesmo que suas habilidades manuais possam lhe ser úteis. A verdade encontra-se nos livros, os quais, por sua vez, acolhem todo tipo de saber, dos mais simples, contendo o *know-how* que se desejar, aos mais complexos. Essa tendência desprestigia o conhecimento empírico, obtido por intermédio de experiências variadas[40].

---

[40] A respeito da desvalorização da experiência, cf. AGAMBEN, Giorgio. *Infancia e historia*: destrucción de la experiencia y origen de la historia. 4. ed. ampl. Trad. Silvio Mattoni. Buenos Aires: Adriana Hidalgo, 2007.

O efeito, segundo E. Verne, é duplo e proveitoso para o grupo dominante. De um lado, o sucesso na alfabetização induz o futuro trabalhador à apreensão horizontal e linear da realidade, condicionando a pessoa à produção em série:

> Todos sabemos que a melhor maneira para um trabalhador iletrado se integrar ao processo de produção é formar uma ideia de seu lugar na cadeia produtiva e internalizar a natureza linear do texto impresso, adquirir a habilidade de ver coisas de modo lateral e equipar-se com o esquema espacial necessário, ao aprender a ler e escrever [...]. O conteúdo ideológico do texto tem pequena importância, desde que o trabalhador internalize esta linearidade e suas extensões no espaço industrializado.
>
> Há uma certa analogia estrutural entre a lógica linear da frase impressa e a linearidade do processo de produção industrial. Qualquer processo de aprendizagem a ler e escrever pode então ser visto como funcional para o modo industrial de produção.[41]

De outro lado, desencadeia-se um processo de desmobilização, cujos efeitos são vividos pelos aprendizes:

> O livro produzido industrialmente tornou-se, para o letrado, a forma compulsória de mediação, através da qual ele precisa passar, para ter acesso ao discurso despersonalizado. Ao dar a impressão ao iletrado

---

[41] VERNE, E. Literacy and industrialization – the dispossession of speech. In: BATAILLE, Léon (Ed.). *A Turning Point for Literacy*: proceedings of the International Symposium for Literacy. Oxford: Pergamon Press, 1975, p. 219-220.

de que os livros são o único vetor possível de cultura, imediatamente se desvaloriza a importância de seu próprio discurso a seus próprios olhos. (p. 226)

Resultado disso é o fenômeno da desapropriação do discurso, experimentado pelas massas compulsoriamente alfabetizadas:

Confrontadas com a invasão informacional, três quartos da humanidade está ipso facto *impedida de falar. Devemos rejeitar a noção de que a única questão legítima inventada pelo problema de alfabetização é a de como fazer livros e informações livremente disponíveis para todos; devemos perguntar insistentemente em nome de quê as massas foram destituídas de seu próprio discurso, que permanece seu principal instrumento.* (p. 227)

Caracterizados os aspectos relativos à alfabetização e a introdução à leitura na sociedade contemporânea por intermédio da ação da escola, verifica-se que a eles se mesclam interesses diversos, podendo ser reconhecidos os mais flagrantes: a manipulação ideológica, devido à necessidade de sonegar a divisão social, simultaneamente tirando partido dela; e a viabilização de propósitos econômicos definidos, quais sejam, a expansão crescente do sistema industrial devido ao aumento contínuo da produção e consumo de objetos de duração e valor limitados. Por sua vez, se essas constatações comprometem a imagem progressista e liberal que a educação e a leitura almejam expressar, isso resulta antes das contaminações peculiares à democracia burguesa como um todo, do que propriamente daquelas atividades e instituições. Ao mesmo tempo, a descrição do modo de circulação da leitura na sociedade ilumina, e com isso revela, as contradições da ideologia capitalista com as quais se encontra imiscuída.

Entretanto, evidenciam-se ainda consequências de outra natureza, as quais não se podem omitir, sob pena de o fenômeno ser examinado de modo unilateral e incompleto. Embora dependendo das relações que mantém com a escola, a cultura inegavelmente se coloca, a partir de então, ao alcance de todos. Em certo sentido, isso a vulgariza e provoca o rebaixamento geral de sua qualidade, conforme as acusações formuladas pelos teóricos da indústria cultural. Mas também a democratiza, na medida em que o universo do conhecimento expõe-se indiscriminadamente a todos os setores da sociedade. Essa democratização foi, e continua, relativa, uma vez que o processo de escolarização não é uniforme, nem igualitário, muito menos de similar qualidade. Ainda assim, as oportunidades, antes ausentes, passam a existir, favorecendo novas modalidades de circulação social.

Um dos resultados mais visíveis é a perda do caráter aurático que a arte e a cultura até então detinham[42], sendo que a leitura vem a constituir-se na ponte, de trânsito universal, que faculta o acesso de qualquer pessoa ao saber. Além disso, a cultura instiga a abordar temas que interessem a todos ou, ao menos, ao maior número de indivíduos, sob pena de se encastelar ou deixar de ser consumida. Por fim, embora o conhecimento permaneça como um dos

---

[42] Cf. BENJAMIN, Walter. A obra de arte na era de sua reprodutibilidade técnica. In: _____. *Magia e técnica, arte e política*. Trad. Sérgio Paulo Rouanet. São Paulo: Brasiliense, 1985. (Obras escolhidas, v. 1).

requisitos para a passagem ao exercício do poder, ele coincide também com a participação na sociedade. Ainda aqui seu significado é contraditório, porque ele não perde a conotação pragmática; todavia, cumpre lembrar que a cultura passa a representar uma modalidade de conduta política e de intervenção no social.

O processo global não perde, portanto, sua natureza ambivalente; ao mesmo tempo, porém, torna irreversível a democratização da cultura, consolidando-a em todos os níveis: tanto porque a leitura e a educação em geral converteram-se em um direito inalienável de todo cidadão, independentemente do segmento social de onde provém, como porque passou a ter um sentido político, abolindo as diferenças entre o âmbito do conhecer e do fazer. A ação cultural torna-se, por sua própria índole, uma práxis política, logo, transformadora, desde o momento em que a burguesia se valeu dela para seus objetivos específicos. E deu-lhe um conteúdo democrático, de um lado porque expressou programas liberais, de outro porque internalizou essa aptidão política no cerne do desempenho da leitura e da educação, ampliando, irremediavelmente, seus horizontes para além das metas imediatistas da classe social que a promulgou.

É nessa medida que a leitura, inserida no processo educativo, abre mão da neutralidade que detinha antes da universalização de seu exercício na sociedade. Traz embutida em si uma orientação democrática, que se dilata ou contrai conforme os propósitos dos grupos que recorrem a ela como parte de seus projetos de ação. E evidencia o conflito entre a imposição de determinada ideologia, importante para o bom andamento do mecanismo social, e sua vocação democrática, resultante dos efeitos que propiciou. Por sua vez, essas tendências não se desdobram na mesma proporção, já que o fator repressivo englobado pela leitura vincula-se à sua repetição mecânica, segundo um procedimento automatizado e impessoal, conforme exige a norma industrial. Se ela se democratiza, ao se tornar acessível a qualquer grupo indistintamente, essa inclinação só se fortalece se estimular uma perspectiva crítica e atuante, segundo a qual o leitor se singulariza, porque se posiciona não apenas diante do objeto livro colocado à sua frente, mas perante o mundo que ele traduz.

Em vista disso, uma prática de leitura não autoritária, nem automatizada, relaciona-se fundamentalmente ao conteúdo da opção política que a orienta, assim como à valorização da natureza intelectual que ela porta consigo. Nos países em desenvolvimento, onde se localizam as sociedades em transformação que ambicionam a formulação e execução de um modelo de crescimento econômico que garanta, de alguma maneira, sua autonomia, essa característica da leitura é vivida de modo ainda mais sensível. Pois, de seus resultados poderá ter seguimento ou não o projeto de liberação, já que as decisões no plano do ensino pesam substancialmente no conjunto da sociedade, com repercussões marcantes. Nessa medida, reforça-se a afirmação de que à atuação pedagógica com a leitura cabe intensificar o aspecto político que lhe é inerente em vista das modificações almejadas, o que representa também a insistência na expansão crescente da aptidão democrática que está no cerne de sua origem.

A política pedagógica confunde-se, portanto, com uma pedagogia política, e esta começa e termina com o tipo de relação que estabelece com o livro. Alçado à posição de receptáculo por excelência da cultura, no desenvolvimento da civilização contemporânea, torná-lo acessível a todos é o ponto de partida de uma ação cultural renovadora. Quanto ao ponto de chegada, este decorre de seu emprego no sentido da discussão e da crítica, do livro e com o livro. São estas que conduzem a uma compreensão mais ampla e segura do ambiente circundante, liberando o leitor do automatismo que pode obrigá-lo ao consumo mecânico de textos escritos. Contendo, portanto, uma vocação democrática, entendida esta como alargamento da oferta de bens culturais e abertura de horizontes intelectuais e cognitivos, a leitura – e o livro que lhe serve de suporte e motivação – será efetivamente propulsora de uma mudança na sociedade se for extraída dela a inclinação política que traz embutida desde as primeiras iniciativas, visando à sua popularização.

um**ponto**quatro
Leitura e sociedade brasileira

Leitura e sociedade burguesa

Raymond Williams, caracterizando o perfil da sociedade contemporânea, afirma que esta, desde o século XVIII, vive sob o signo da longa revolução[43], verificável em três níveis:

a. no plano econômico, permanecem os efeitos da Revolução Industrial, responsável, por sua vez, por contínuas pesquisas e mudanças nos campos tecnológico e científico;
b. no plano político, ocorre a revolução democrática, resultante do avanço irreversível das formas de participação popular,

---

[43] WILLIAMS, Raymond. *The Long Revolution*. London: Pelican, 1980.

na direção de um sistema comunitário e coletivo fundado na noção de igualdade entre todos seus membros;

c. no plano cultural, a revolução está marcada pela ênfase na importância da leitura, habilidade até então considerada de menor valor e mesmo dispensável, e pela consolidação de um público leitor, contingente de consumidores de material que circula sob a forma impressa.

A promoção da leitura resulta, em uma primeira instância, dessa situação cultural até então desconhecida. Porém, a prática da leitura se difunde como hábito e necessidade em decorrência também de outros fatores, a maior parte de ordem social. Em primeiro lugar, ela se integra ao processo, tornado compulsório a partir do século XIX, na Europa, de escolarização das massas urbanas e operárias, porque:

a. a horizontalidade da escrita prepara o trabalhador para a fabricação em série, portanto, torna-o competente para atuar dentro do sistema industrial de produção[44], em fase de implantação e expansão na época;
b. a escrita e a leitura introduzem o trabalhador em uma realidade mediada por signos abstratos, diferente do contexto vivido de modo imediato e empírico a que estava habituado;

---

[44] Cf. VERNE, E. Literacy and Industrialization – the Dispossession of Speech. In: BATAILLE, Léon (Ed.). *A Turning Point for Literacy*: proceedings of the International Symposium for Literacy. Oxford: Pergamon Press, 1975.

c. habilita o trabalhador a obedecer instruções, transmitidas por escrito, e a deixar de orientar-se pela experiência ou intuição.

Por sua vez, a filosofia iluminista, então em vigor, sedimentou, no plano das ideias, o papel relevante da leitura na sociedade, atribuindo-lhe as qualidades de sintoma do saber e emblema de civilidade. O ponto de partida foi a transformação dos recentemente introduzidos hábitos burgueses em virtudes exponenciais, a saber:

a. a conduta pessoal moderada, o controle das emoções e a continência sentimental, o que determinou o novo prestígio do casamento, da monogamia, da privacidade, da fidelidade conjugal, do afeto familiar entre marido e mulher e entre pais e filhos, em suma, do modo de ser próprio à vida doméstica;
b. a postura racionalista, que rejeita a explicação mágica ou religiosa dada aos acontecimentos e desmascara a superstição, e a atitude científica, que filtra a tradição, questiona o passado e submete o estabelecido por conveniência ao crivo da experimentação.

Essa passagem converteu o padrão de vida burguês em alvo a ser alcançado pelos outros grupos sociais, especialmente as camadas mais baixas. Tornou-se a convenção vigente e o modelo a ser imitado por todos sem discriminações. Qualquer pessoa tinha acesso a ele; mas a condição era que se aburguesasse, adotando não apenas os valores da nova classe dominante, como também a organização que esta vinha impondo ao conjunto da sociedade.

A valorização da leitura completa o quadro, pois, de sua prática, advinha o conhecimento e expandia-se o racionalismo, concebidos, ambos, não somente como as alavancas do progresso, mas também como os meios de contestar os valores que legitimavam o domínio da nobreza feudal. Além disso, ela correspondia a uma atividade efetivamente integrada ao ambiente familiar, decretando o caráter doméstico e privado da ação de ler e o novo apreço conferido ao objeto livro.

Encarando o livro como o instrumento fundamental para a difusão do saber e o meio através do qual cada um se apropria da realidade circundante, os iluministas não deixam de atribuir um caráter utilitário a ele; contudo, ao mesmo tempo, os filósofos sublinham sua natureza liberadora. Por isso, se, de um lado, o Iluminismo adota uma visão distorcida da função da cultura, ao valorizar sobremaneira seu elemento pragmático, de outro, o movimento estabelece a principal relação para o desdobramento da ideologia que, até o presente, sedimenta a validação da leitura em nossa sociedade: a de sua tendência emancipadora, na medida em que propicia o ingresso no ideário liberal elaborado pela burguesia e que se deposita nas obras escritas. Desse modo, o conhecimento vem a ser concebido como a ponte para a liberdade e para a ação independente.

Essas características são facilmente reconhecíveis no grande livro do século XVIII e dos iluministas: a *Enciclopédia* (1751-1772). Ela se destinou à exposição do saber acumulado pela cultura ocidental ao longo de sua história, exposição arranjada de modo didático e convincente, a fim de torná-la popular e acessível. E consistiu no clímax do processo de expansão do pensamento racionalista, em dilatação desde o final do século XVII. Entretanto, à época, foi obra considerada subversiva pelo Estado absolutista francês, logo, proibida e banida. É quando o livro, a serviço do conhecimento, transforma um sistema político autoritário, que a leitura revela o caráter emancipador, eventualmente revolucionário, que porventura contém.

Por último, dar acesso à leitura significou estimular uma indústria nascente – a da impressão, que deu margem ao aparecimento de gráficas e editoras – em desenvolvimento acelerado no período, graças à descoberta de formas específicas de expressão, como, além do livro, o jornal, o folhetim, o cartaz ou o almanaque. Por isso, a difusão do hábito de ler não pode ser separada de outro acontecimento coetâneo: o da industrialização da literatura. Esta igualmente sofreu os efeitos da revolução industrial, efeitos internalizados, já que o livro representa o processo mesmo da produção em série.

De fato, o livro foi um dos primeiros objetos produzidos industrialmente, vale dizer, em grande quantidade e segundo a divisão do trabalho. Supõe, pela ordem, um autor, um editor, um tipógrafo (modernamente, um responsável pela composição ou pela editoração) e um revisor, acrescentando-se a esses as pessoas incumbidas de sua comercialização. Além disso, ele não circula como unidade, mas, sendo produto manufaturado, apenas em grande quantidade, o que converte o manuscrito (isto é, o original) em peça de museu. Enfim, como depende, para sua continuidade, de um consumo regular, o livro transforma-se em uma tradução, em ponto reduzido, do funcionamento global da sociedade industrial.

A expansão crescente do público leitor, fator que está no bojo da Revolução Industrial de que se falou antes, responde a três objetivos diferentes:

a. Garante e dilata a produção e, sobretudo, o consumo de literatura.

b. Faculta a expansão dos ideais burgueses; e, como estes se propagam por intermédio do livro, cujo consumo, por sua vez, supõe o aprendizado da escrita, essa difusão não se faz sem a intervenção da escola. Eis porque, no século XVIII, dá-se a reforma da escola e patrocina-se, por intermédio da ação de grupos religiosos e, depois, do Estado, a escolarização em massa.

c. Contribui para a assimilação, pelas camadas não burguesas – especialmente as operárias –, do projeto político e ideológico da burguesia. Também sob esse prisma, importa salientar a ação da escola, um dos principais instrumentos de transmissão dos valores burgueses, pelo menos até a explosão dos modernos meios de comunicação de massa.

Outros resultados também não se fazem esperar. O primeiro deles diz respeito ao fenômeno crescente de democratização da leitura. Esta se converteu em um direito inalienável do indivíduo, a ponto de possibilitar medir-se o maior ou menor grau de exercício da democracia por parte de um governo a partir do nível e quantidade de escolarização oferecida à população.

Consequência é também a cisão experimentada pela literatura. Alargada a produção em decorrência da industrialização, ela se viu perante a necessidade de estimular seu próprio consumo. As obras que aceitaram essa condição foram rotuladas de *literatura de massa* e tiveram cassado seu direito a algum tipo do reconhecimento artístico. Este foi concedido antes a textos que, recusando o consumo como meta primeira da criação literária, optaram pela via mais pedregosa da vanguarda e da experimentação.

Não foram apenas esses os problemas. Destinada ao consumo, a literatura procurou recuperar sua liberdade por outros meios. Reivindicou a autonomia da arte, mas a fundamentou unicamente em termos abstratos, legando o problema para a teoria da literatura, que se divide entre isolar a arte da sociedade ou reconhecer sua dependência aos mecanismos de consumo e circulação.

Lega o problema também para a crítica literária, que não consegue evitar a atitude cautelosa perante a literatura que se dobra às ingerências do mercado, perseguindo-a, às vezes, com o banimento das histórias literárias, em geral bastante seletivas.

A verificação das relações entre a leitura e o contexto histórico sugere que o hábito de ler, ainda que consista em uma ação individual, somente pôde se expandir e se afirmar quando se impôs um certo modelo de sociedade: a do capitalismo, cuja economia sustenta-se no crescimento industrial e em um sistema democrático.

A difusão da leitura ocorre, pela primeira vez, em uma sociedade desse tipo e colabora para sua expansão: estimula o consumo da matéria impressa (ainda um setor importante da economia mundial) e transmite valores e hábitos, muitos deles convenientes à consolidação da camada burguesa nos poderes político e financeiro. Porém, assim como a burguesia foi responsável pelas primeiras decisões na direção da implantação de um modelo político democrático, também a leitura é fruto e agente dessa democratização. Torna o saber acessível a todos e, como tal, dessacraliza tabus e investe contra o estabelecido, quando este prejudica a comunidade. Contribuindo para a afirmação de um pensamento crítico, favorece a atitude que desmitifica valores e luta pela remoção de concepções conservadoras.

Sendo esse o panorama amplo que envolve, no âmbito social, a leitura, cumpre examinar como fenômeno similar acontece no Brasil.

A leitura no Brasil

A reivindicação por uma política educacional, no desenrolar da história brasileira, pertenceu aos projetos dos republicanos. Isso significa que foi formulada tão somente quando o século XIX ia avançado e o Brasil já contava com 50 anos de independência.

Com efeito, um plano educacional para a população residente no Brasil não constou do trabalho da administração portuguesa, durante o período colonial, sendo deixado ao encargo dos grupos religiosos que para cá se deslocaram. Os jesuítas, que se constituíram na ordem religiosa mais forte e mais comprometida com a educação dentre as que participaram da colonização da América, preocuparam-se sobretudo com a catequese dos índios; e nas suas escolas, como nas demais administradas por outras ordens, dominou, como seria de se esperar, uma orientação religiosa e cristã. Fora disso, inexistiam outras oportunidades de escolarização no território colonial, de modo que ao candidato a uma formação mais completa e credenciada pelo Estado restava apenas a alternativa de viajar à Metrópole, deslocamento dispendioso, possível, portanto, somente a uns poucos privilegiados.

O período monárquico, que sucedeu à Independência, não alterou em muito o panorama, embora constasse dos planos da primeira Assembleia Constituinte a alfabetização, por parte de uma escola pública, de grande parte da população. Com a dissolução da Assembleia, todavia, também seus planos pedagógicos foram arquivados.

Com isso, a educação popular progrediu pouco, colocada aos cuidados dos governos provinciais, em geral carentes de recursos financeiros para fazer frente à tarefa a eles atribuída. Essa circunstância, somada ao elevado número de escravos de origem africana, aos quais estava vedada a alfabetização, explica por que a taxa de analfabetismo esteve próxima dos 70% até o final do século XIX. O fato denuncia a negligência governamental, expressa também pela ausência de um órgão público, como um ministério, voltado aos problemas relacionados à educação, encarregado de promover a expansão da rede de ensino. Esta passou a depender da iniciativa privada, o que facilitou o aumento de institutos pedagógicos particulares, mas não solucionou a questão.

Fatores externos, de natureza econômica, pressionaram a situação, modificando-a aos poucos. O sucesso com a introdução do café no Vale do Paraíba, sobretudo na segunda metade do século XIX, garantiu um *superavit* orçamentário. A exportação do produto, via Rio de Janeiro principalmente e, depois, via Santos, determinou o crescimento dessas cidades, bem como o de São Paulo, a capital do café. O Brasil se urbanizou, o que coincidiu com a configuração paulatina de sua classe média, em parte ligada à comercialização do café, em parte ao funcionalismo público, às finanças, às manufaturas que começavam gradualmente a aparecer, ao Exército, que, enquanto instituição, se revelava como nova força política desde o final da guerra com o Paraguai (1864-1870).

A organização social, que, até então, suportava pesadas reminiscências do sistema colonial, começa a se transformar, e essas mudanças se traduzem na formulação de novas exigências políticas: a República como regime administrativo; a supressão do sistema escravocrata como forma de trabalho; o positivismo como visão de mundo. A esse último se associam o cientificismo e o racionalismo, posicionamentos intelectuais que se propagam na e pela educação.

É esperada da República, implantada em 1889, a redenção dos problemas educacionais e culturais vigentes no país. Entretanto, se a República foi reivindicada por ardentes revolucionários, entre os quais se contavam os escritores Raul Pompeia e Euclides da Cunha, e adotada, como ideal político, por alas progressistas do Exército, sua consolidação coincidiu com o afastamento paulatino desses grupos. Entre 1890 e 1900, os nossos jacobinos, cuja radicalidade manifestou-se durante a Campanha de Canudos, contra os chamados *rebeldes monarquistas de Antônio Conselheiro* (1830-1897), foram afastados da administração e substituídos por grupos conservadores, representantes dos interesses dos grandes proprietários rurais. Inicia-se a chamada *política dos governadores*, que, firmemente apoiados em suas bases no campo, detêm um poder superior ao do presidente, o que lhes permite defender os projetos associados à produção agrícola, à pecuária e, principalmente, à exportação do café.

Assim, se o novo governo republicano cria o Ministério da Instrução Pública, confiado a Benjamin Constant (1836-1891), a curta duração do órgão, de 1891 a 1893, indica o fracasso da medida e a pouca importância que o problema parecia assumir para os administradores. Não que esses nada tenham feito; algumas reformas estaduais foram promovidas, mas continham pequenas alterações e poucas inovações.

Mantém-se o modelo tradicional de ensino, elitista, porque acessível a poucos, bacharelesco e dirigido aos representantes do poder rural que ambicionavam cargos na administração pública. Por outro lado, a negligência do governo tem sua contrapartida nas campanhas em prol da alfabetização, lideradas sobretudo por escritores e intelectuais, como Olavo Bilac, Coelho Neto e, mais tarde, Monteiro Lobato (1882-1948). Era natural que assim fosse: os homens de letras lutavam pela consolidação de um público a fim de que sua obra circulasse e fosse consumida, garantindo-lhes o sustento e a profissionalização.

Essa tônica, a de que os escritores não apenas escrevem desinteressadamente, mas se envolvem com a formação e solidificação do público, marca a cultura brasileira, sobretudo a urbana, nos anos da República Velha, pelo menos até a década de 20 do século XX. Ela transparece não apenas na atividade do intelectual, que participa das campanhas, publica crônicas amenas na imprensa ou apresenta conferências em todos os cantos do país. Sua presença pode ser verificada ainda no tipo de literatura editada na época, a saber:

a. a ficção que Lúcia Miguel-Pereira (1901-1959), apoiando-se na expressão empregada pelo escritor Afrânio Peixoto (1876-1847), em sua história da literatura brasileira, designa como *sorriso da sociedade*[45], caracterizada por textos de conteúdo morno e sentimental, destinados antes a agradar e seduzir o leitor do que a questioná-lo ideológica ou esteticamente;

---

[45] Cf. MIGUEL-PEREIRA, Lúcia. *Prosa de ficção*: 1870-1920. Brasília: Instituto Nacional do Livro; Rio de Janeiro: José Olympio, 1973.

b. a prosa regionalista que, sendo de denúncia, dirige, muitas vezes desde uma ótica urbana, seus ataques ao arcaísmo da vida rural que impedia o país de progredir e alcançar o patamar de civilidade com que todos sonhavam;

c. a literatura infantil, que começa a ser publicada regularmente no final do século XIX, após o sucesso comercial das adaptações de Figueiredo Pimentel (1869-1914), editadas pela Livraria Quaresma, e que acaba seduzindo os escritores da moda no início do século XX, tais como Coelho Neto, Olavo Bilac, Júlia Lopes de Almeida ou Francisca Júlia.

Se a República, quando inaugurada, busca soluções para o impasse educacional brasileiro e, depois, sucumbe à força econômica e política dos grupos tradicionais, a história subsequente da sociedade nacional apresenta a persistência do mesmo conflito. De um lado, os esforços contínuos visando à manutenção de uma estrutura conservadora e elitista para o ensino, dificilmente criando oportunidades iguais para os diferentes setores da sociedade brasileira; de outro, a necessidade inadiável de transformação, por várias razões, como: a pressão dos grupos menos favorecidos e a necessidade de formação de mão de obra habilitada para o país que se industrializa (e se moderniza) desde o início do século.

Por essa razão, ainda que não se dê na proporção e na medida em que se desejaria, a escola democratiza: a década de 1930 assiste à expansão do ensino médio e profissionalizante, matizando a finalidade até então estritamente elitista desse grau; e a década de 1970 presencia a difusão dos estudos superiores, ainda que a expansão mais substancial corra por conta da rede privada, paradoxalmente destinada à população de baixa renda (menos habilitada aos vestibulares mais concorridos e mais difíceis das universidades públicas) e/ou às regiões menos centrais (pois as universidades públicas, nessa época, localizam-se principalmente nas capitais e cidades maiores dos estados ricos).

O mesmo conflito se revela na literatura, sugerindo que os problemas relativos à leitura transitam facilmente do setor responsável pela formação de leitores – a escola – para aquele responsável pela produção de materiais para serem lidos. Assim sendo, se a literatura brasileira, no início do século, se comprometeu com a produção de obras que respondessem às exigências mais imediatas do público, sua história posterior caracteriza-se pela oscilação entre a adoção de uma estética experimental, deflagradora de uma arte de vanguarda, e a aceitação dos ditames dos leitores, gerando uma literatura popular, de largo alcance.

Essa oscilação, por sua vez, tem seus clímax históricos: a opção por uma literatura de vanguarda tem coincidido, desde a explosão modernista, com as fases de progresso econômico do Brasil. Assim, na década de 1920, quando o país vivia a euforia generalizada do pós-guerra (os "anos loucos") e o apogeu do café, impõe-se o experimentalismo futurista e o expressionismo do modernismo. E, na década de 1950, quando o Plano de Metas de Juscelino Kubitschek (1902-1976) promete resumir cinquenta anos de progresso em cinco anos de administração, ascende o movimento concretista e suas várias ramificações e/ou dissidências.

Essas são fases durante as quais o poder aquisitivo melhora e a sociedade (urbana, ao menos) fica mais requintada. As ofertas se multiplicam e a escolhas aumentam. Em compensação, em períodos mais duros, política e/ou economicamente, como nas décadas de 1930 e 1970, a literatura aceita outras regras. Busca intensificar sua penetração junto ao público e tornar-se mais popular, embora, às vezes, adote simultaneamente figurinos mais convencionais.

Dadas as deficiências da escola em aumentar o contingente de leitores na mesma (ou quase) proporção em que cresce a população, mais uma vez é a literatura que se dispõe a participar da solução dos problemas referentes à leitura. O aparecimento de uma literatura popular nos grandes centros urbanos resulta, pois, não apenas de novas condições sociais, mas também da persistência de questões antigas.

No entanto, não se pode falar de literatura popular ou de popularização da literatura sem que se discriminem melhor os significados que recobrem esse conceito. A expressão pode dar conta dos seguintes sentidos:

a. a produção de autores de sucesso, que pertencem a gêneros carentes de reconhecimento literário; é o que ocorre à literatura de auto-ajuda, como a de Paulo Coelho (1947), ou a textos dirigidos ao público jovem;
b. a produção de artistas oriundos de camadas populares do campo e da cidade, como a literatura de cordel. Esta é popular também no sentido de que dispõe de um sistema próprio de circulação, independendo das grandes editoras e do modo de comercialização peculiar à sociedade capitalista e urbana. Por sua vez, a literatura de cordel é considerada um subgênero e objeto de análise marginal por parte de críticos e historiadores literários.

Como se percebe, não há, nesses casos, convergência conceitual, devido à mistura de questões de ordem econômica (relativas ao consumo maior ou menor que as obras recebem) com questões de ordem social, relativas à proveniência de produtores e leitores dos textos. Além disso, a literatura brasileira se depara com a concorrência de outro segmento bastante popular, ou ao menos muito consumido, da literatura: o *best-seller* estrangeiro, cuja pressão sobre o mercado nacional reproduz, nesse nível, as relações de dominação colonial que a nação experimenta de maneira mais ampla.

As políticas de popularização da leitura

Tem-se procurado mostrar como a leitura, não apenas como habilidade individual de decodificação de textos que se transmitem por escrito, mas também como processo amplo, estimulado pela sociedade, apresenta um componente democrático que lhe é inerente, ainda que sua difusão, no início, tenha decorrido de interesses econômicos e ideológicos da burguesia, quando esta alcança o poder. Por seu turno, esse componente democrático não é sempre idêntico e imutável, efetivando-se tão somente quando a leitura vem associada a um projeto de popularização.

A concretização desse projeto depende de alguns fatores: de um lado, de uma política educacional; de outro, de uma política cultural. De um modo ou de outro, trata-se sempre de uma decisão política, que vem sendo formulada de maneira distinta pelos diferentes tipos de sociedade (de menos a mais justos) impostos ao Brasil, ao longo de sua história, pelos grupos dominantes.

Uma política educacional que garanta a proliferação da leitura em todos os segmentos sociais depende, em primeiro lugar, da existência de uma escola popular. Vale dizer, de uma escola:

a. aberta, indiscriminadamente, a toda a população;
b. eficiente, independentemente da camada social e da região demográfica onde se situe;
c. estruturada de modo democrático e público, tanto no plano de sua organização, sendo, pois, autônoma e igualitária no que se refere às relações internas entre as pessoas que dela participam, como no plano da concepção de ensino ali ministrado.

Transferida à leitura, essa política educacional significa:

a. dar acesso à leitura e à escrita para todos, alfabetizando-os eficientemente;
b. adotar uma metodologia de ensino da literatura que não se fundamente no endosso submisso da tradição, na repetição mecânica e sem critérios de conceitos desgastados, mas que deflagre o gosto e o prazer pela leitura de textos, ficcionais ou não, e possibilite o desenvolvimento de um posicionamento crítico perante o lido e perante o mundo que o lido traduz.

Por seu turno, uma política cultural voltada à leitura precisa proporcionar, em princípio, a popularização da literatura. No entanto, o significado desse projeto não parece tão nítido na sociedade brasileira, como o anterior, relativo à escola. Como se viu, o conceito de literatura popular é divergente, lidando com critérios simultaneamente econômicos, sociais e estéticos. Assim, em vez de se pensar uma ação globalizadora, pode-se verificar como cada um daqueles setores da literatura tem procurado solucionar o problema:

a. quando se trata de autores de textos aos quais já foi conferido reconhecimento literário, o caminho usual tem sido a busca do suporte de instituições oficiais. Os convênios de editoras com institutos de livros, fundações culturais e universidades, os circuitos de escritores por universidades, a programação de visitas de autores a escolas por secretarias de educação, os programas públicos de estímulo à leitura – todas essas são iniciativas em que, direta ou indiretamente, o Estado atua, visando à propagação da literatura nacional e à sua popularização.

Coercitivas na maioria das vezes, essas medidas não deixam de evidenciar o papel central que a escola exerce como difusora de leitura. No entanto, trata-se de uma atuação contraditória: de um lado, a escola apresenta sua faceta subsidiária em relação ao encaminhamento de uma política cultural; de outro, ela impõe seus métodos, muitos deles autoritários, a essa política, atenuando ou diluindo os efeitos benéficos que pode eventualmente ter.

Outro problema a ser solucionado é:

b. aos textos que não almejam o reconhecimento literário, resta pesquisar um caminho alternativo. Seu maior problema é a concorrência com o livro estrangeiro, a que procuram escapar, produzindo o equivalente nacional.

Essa é uma dificuldade enfrentada pelo escritor brasileiro desde que nossa literatura começou a se emancipar economicamente. Nesse sentido, são reveladoras as palavras de Menotti del Picchia (1892-1988), em 1936, na introdução a *Kalum, o mistério do sertão*, romance de aventuras transcorrido na Amazônia, para justificar seu ingresso a um gênero de menor prestígio no domínio das Belas Letras:

> *O número de traduções de livros de aventuras destinados ao público brasileiro inunda o mercado. A procura que encontram tais volumes demonstra a preferência dos leitores nacionais pelo gênero.*
>
> *Os escritores nossos, sempre acastelados na sua 'torre de marfim', reclamam contra a invasão mental forasteira, mas, não descem das suas estelares alturas para dar ao leitor indígena o que ele pede. Esse orgulho está errado. Escrever romances populares é prestar ao país duplo serviço: é nacionalizar sempre mais o livro destinado às massas e abrasileirar nossa literatura, imergindo a narrativa, que distrai ou empolga, em ambiente nosso. É essa a melhor forma de se socializar o espírito da nossa gente e nossa paisagem.*
>
> *Aí está a razão pela qual, depois de ter escrito 'A Filha do Inca', tão generosamente recebida pelo leitor brasileiro, escreveremos este volume.*[46]

A reprodução do sucesso estrangeiro é o primeiro passo; o segundo é contar com a adesão permanente do leitor, produzindo uma arte que coincida em cheio com seu gosto, fazendo-o então retornar a outras obras do mesmo teor, escritas pelo novelista de sua predileção.

A tendência à literatura escapista parece ser a opção mais bem-sucedida, porque é a mais prolífera. Por sua vez, ela tanto

---

[46] PICCHIA, Menotti del. Ao leitor. In: _____. *Kalum, o mistério do sertão*. Porto Alegre: Globo, 1936. p. 5.

pode se voltar a temas eróticos (que se estendem desde as açucaradas histórias sentimentais de amores e desenganos até os assuntos mais escandalosos que constituem a matéria da chamada literatura pornográfica), como a temas exóticos, que envolvem ação, aventura e violência. Nesse caso, as modalidades são também variadas: o romance policial e de mistério; a aventura em locais ou tempos distantes, quando não ambos reunidos, conforme procede a ficção científica; a literatura fantástica e de terror, gêneros a que se somam ainda as obras de humor.

É esse conjunto de gêneros caracterizados pela tendência dita escapista que parece contar com maior contingente de leitores, podendo até, por essa razão, prescindir de uma política oficial de popularização. No entanto, caso esta fosse proposta, seria rejeitada e criticada por instituições como a escola, a Igreja, ou a família, dadas as qualidades de supérflua, superficial e, mesmo, corruptora a ela atribuído. Essa hipótese é sugestiva, pois indica como correm em faixas diferentes, e às vezes opostas, os textos mais procurados pelo público leitor e as ações visando à difusão da literatura na sociedade nacional.

Além disso, iniciativas voltadas à divulgação de autores e gêneros preferidos pelo público nunca são tomadas, de um lado, porque se espera da literatura uma função mais circunspecta: a de conhecimento, resultante da capacidade da ficção de representar a existência humana e a vida social ou de denunciar problemas políticos e ideológicos experimentados pela comunidade; em suma, uma finalidade mais pedagógica (*utile*, na expressão de Horácio) e não apenas gratificante (o *delectare* da fórmula do poeta latino). De outro, porque parece desnecessária ou menos legítima a tentativa de desencadear uma ação cultural para promover o que promove sozinha.

Por outro lado, cabe lembrar que essa literatura garante a existência e a continuidade de um público leitor fiel e assíduo, sem o que uma arte experimental e audaciosa não teria meios de se impor. Além disso, também ela colabora na defesa comum contra a invasão do *best-seller* estrangeiro, embora sua situação, nesse caso, seja ambivalente, pois, seguidamente, limita-se a reproduzir os modelos literários característicos da indústria cultural.

Como se pode perceber, a questão relativa às políticas de popularização e difusão da literatura brasileira contém elementos de natureza simultaneamente cultural, ao dizer respeito ao conhecimento do patrimônio literário nacional, e ideológica, ao envolver a afirmação desse diante da invasão de produtos estrangeiros, características do colonialismo econômico de que o país é vítima. Todavia, ela inclui ainda um outro componente, este de ordem econômica, já que qualquer decisão pelo incremento da leitura e divulgação em massa da literatura significa favorecer o crescimento industrial, estimular o consumo e viabilizar um tipo de atividade produtiva de orientação capitalista, assumindo suas consequências.

Em virtude desses aspectos, qualquer medida visando à implantação de uma política cultural que beneficie a difusão da leitura no Brasil depara-se com uma série de impasses, alguns de difícil solução. Isso acontece não porque os problemas sejam inarredáveis, mas porque reproduzem, no seu nível, os antagonismos maiores da sociedade nacional. Eis porque, ao se discutirem as relações entre a leitura, a escola e a sociedade no Brasil, é imprescindível, antes de endossar, ingenuamente, atos de boa-fé e filantropia cultural, muitas vezes bem intencionados, mas inócuos, tomar consciência do tema, com suas implantações nos diferentes planos com os quais estabelece relações. Esse procedimento contribui para uma visão mais nítida e, ao mesmo tempo, mais ampla, podendo se constituir no ponto de partida para uma atuação pedagógica mais eficaz, com resultados que efetivamente mudem uma dada situação e transformem o panorama que se mostra desigual e insatisfatório para grande contingente da população brasileira.

um**ponto**cinco
A política cultural no Brasil: o acesso ao livro e à leitura

Os fatores históricos que atuaram na formação da sociedade brasileira explicam por que a cultura nacional circulou preponderantemente entre as elites e foi dominada pela influência metropolitana. Os portugueses, interessados em que a colônia americana fosse tão somente produtora e exportadora de matérias-primas, destinadas ao mercado ultramarino, fixaram aqui uma população encarregada do cultivo, coleta e comercialização de artigos tropicais. Para tanto, não era necessário implantar um sistema educacional, tarefa transferida às companhias de religiosos, sobretudo a de Jesus, cujas escolas tinham muito bons acervos bibliográficos[47],

---

[47] Cf. MORAES, Rubem Borba de. *Livros e bibliotecas no Brasil colonial*. Rio de Janeiro: LTC; São Paulo: Secretaria de Cultura, Ciência e Tecnologia do Estado de São Paulo, 1979.

restritos, porém, aos seminaristas que, de sua parte, dependiam do aval da Metrópole para se ordenar oficialmente.[48]

A camada dominante, branca e de origem portuguesa, exportava matérias-primas e importava os estilos em moda na Europa. O caráter dependente da cultura não se deveu, contudo, unicamente a esse fato, e sim à ausência de uma política de difusão do saber, fosse metropolitano ou não. A obstrução dos canais culturais fez-se de várias maneiras, desde a restrição à importação de livros[49], a ausência de livrarias e a proibição de qualquer tipo de imprensa até a depauperação das escolas e a adoção de uma metodologia de leitura ineficiente e retrógrada.[50] Mesmo a população branca tinha dificuldades em aprender a ler, enquanto os escravos eram mantidos no estágio de iletrados; se, mesmo assim, alguém desejasse ler ou escrever, não dispunha de livros, nem de público leitor. Sob que condições fortalecer então uma cultura nacional, ainda mais quando os elementos nativos eram paulatinamente aniquilados, os africanos, subjugados, e valorizado apenas o europeu?

A separação política, em 1822, não incidiu em um projeto de emancipação cultural amplo, pois os novos dirigentes prefeririam importar movimentos nativistas em voga no exterior, como o indianismo, a promover uma escola pública e popular, acessível a todos os segmentos sociais, que pudesse canalizar e dar vazão a

---

[48] Cf. CUNHA, Luiz Antônio. *A universidade temporã*. Fortaleza: Ed. da UFC; Rio de Janeiro: Civilização Brasileira, 1980.

[49] Cf. ABREU, Márcia. *Os caminhos dos livros*. Campinas: Mercado de Letras; ALB; Fapesp, 2003.

[50] Cf. SILVA, Ezequiel Theodoro da. Acesso ao livro e à leitura no Brasil: pouco mudou desde o período colonial. *Boletim da ALBS*, Porto Alegre, 1, mar. 1984.

suas expressões intelectuais e artísticas. Porém, uma decisão dessa natureza não aconteceu, porque a Independência não contou com a participação mais geral da população residente no país, apenas com representantes do grupo agroexportador dominante, nem erradicou a escravidão, e sim conservou o regime de exploração do trabalho servil na condição de base da organização econômica.

Foram os partidários da República os primeiros a se preocupar efetivamente com o analfabetismo que atingia mais de 70% da população brasileira. Intelectuais, eles reivindicavam, de certa maneira, a solidificação de seu público e a profissionalização e reconhecimento de seu trabalho. Contudo, a iniciativa não obteve apoio oficial, já que o novo regime, embora tivesse ensaiado a implantação de um órgão responsável pela educação, o Ministério da Instrução Pública, abdicou logo dos novos ideais pedagógicos. As editoras continuaram a faltar; os livros, a serem impressos em Portugal ou na França; as livrarias, a escassearem-nos; e a escola não se expandiu, a não ser as particulares, consideradas por José Veríssimo (1857-1916), na mesma época, um "grande negócio", uma vez que seu principal intuito era ganhar dinheiro, em vez de ensinar.[51]

De lá para cá, como se fez a difusão do livro e da leitura no Brasil? Esta ficou ao encargo da escola, que passou por altos e baixos: após a Revolução de 1930, ampliou-se a rede pública e impuseram-se de modo mais organizado os diferentes graus de ensino; porém, a rede particular também cresceu e, com o tempo, passou a significar concretamente uma educação de melhor qualidade. Para tanto, contribuíram igualmente as reformas de ensino que, a

---

[51] Cf. VERÍSSIMO, José. *A educação nacional.* 2. ed. Rio de Janeiro: Francisco Alves, 1906.

pretexto de aumentar o número de anos de presença obrigatória à escola, diluíram os conteúdos e comprimiram as áreas de conhecimento, substituindo-os pelos horários destinados às disciplinas profissionalizantes e condenando a escola pública de ensino fundamental a, por muito tempo, fornecer mão de obra precariamente qualificada para o mercado de trabalho.

O achatamento da escola pública e o florescimento da rede privada em todos os níveis colaboraram para a perpetuação do processo de elitização do ensino brasileiro, logo, para a manutenção da natureza dependente de nossa cultura. A concepção de leitura em vigor reforçou aquele processo e deu-lhe instrumentos no plano da metodologia de trabalho em sala de aula. Em um primeiro momento, confinou leitura à alfabetização, isto é, aprendizagem e emprego do código escrito segundo a norma urbana culta. Esta, previamente dominada pela elite, é compreendida como uma segunda língua pelos que não a utilizam coloquialmente, vale dizer, os alunos originários do meio rural ou de camadas socialmente inferiorizadas. A seguir, associou leitura com o conhecimento da tradição literária, valorizando o passado da literatura nacional e os escritores que então pontificaram.

Estes, por seu turno, raramente são consumidos por via direta, e sim através da mediação do principal meio de leitura da escola brasileira: o livro didático, descendente das apostilas e seletas de tempos idos. Porém, o êxito do didático, cuja produção aumenta à medida que cresce a população estudantil, atravessando os graus de ensino e, hoje, confortavelmente instalado, com toda propriedade, na universidade, só foi possível porque vigora ainda a dificuldade de acesso a outro tipo de livro.

De um lado, pois, predomina a concepção de leitura como exemplaridade: leem-se nomes consagrados pela crítica e história da literatura porque são modelos a serem seguidos, seja quando se escreve – a leitura convertendo-se em motivação para a escrita –, seja quando se lê – os clássicos sendo tomados como formadores do bom gosto, que é também o gosto elevado. A exemplaridade vem acompanhada do mimetismo: cabe reproduzir o escrever correto ou adequado dos grandes escritores ou o tipo de leitura a que eles apontam, segundo um processo de repetição contínua.

De outro lado, contudo, o livro que é portador desse modelo de leitura permanece fora do alcance de seu virtual destinatário. As bibliotecas escolares são pobres, o livro é caro. As livrarias queixam-se da falta de clientela, e os autores precisam conquistar adeptos, indo de escola em escola visitar seus leitores e fazendo-se simpáticos e atraentes, a fim de garantir a assiduidade do público.

Em uma população que já apresentou taxas muito elevadas de analfabetismo, parece natural que o consumo de livros tenha sido reduzido. O analfabetismo não foi erradicado, apesar do esforço, nos anos 1970, do Movimento Brasileiro de Alfabetização (Mobral), a maior parte das pessoas não aumentou seu poder aquisitivo, nem o livro baixou de preço. Poucos leitores e menor número de consumidores determinaram uma produção muito pequena; esta, por seu lado, destina-se a um público de elite, o preço alto das edições correspondendo a tal exigência.

A distância entre o eventual leitor e o livro nunca deixou de alargar-se, por mais que crescesse o número de estudantes e de publicações no país. O didático soube ocupar o vazio que se estabeleceu, correspondendo de modo cabal às características imprimidas pela indústria livreira ao mercado nacional: proporcionalmente, ele apresenta-se como um livro barato, pois um único exemplar serve para as atividades de um todo um ano escolar; mas não é um objeto que possa ser socializado, já cada aluno precisa possuir o seu, consumido no decorrer do período anual de estudos, razão por que a indústria do livro sempre pode crescer.

Isso não significa que o processo de elitização não tenha sido combatido à custa de programas emergenciais. O Mobral, nos anos 1970, foi um desses programas em escala nacional, com resultados, infelizmente, que não estiveram à altura dos objetivos e disponibilidades financeiras do projeto. O Plidef, distribuindo livros didáticos aos estudantes de ensino fundamental, constitui outra modalidade de ajuda que sofreu questionamentos e discussões, tal como seu sucessor mais recente, o PNLD.

Atualmente, outros projetos estão sendo implantados, cujo procedimento de trabalho difere dos anteriores. Eles têm as seguintes características:

a. O estado, em qualquer de seus níveis (federal, estadual ou municipal) e operando de modo direto por intermédio de suas instituições (agências de fomento, universidades públicas, fundações culturais) ou indireto, graças à legislação relativa à renúncia fiscal e de incentivo, intervém no preço de capa do livro, barateando seu custo ao cofinanciar a impressão de obras. Os títulos coeditados não se destinam especificamente ao ensino básico, pois agências de fomento e universidades tendem a prestigiar a divulgação de pesquisas acadêmicas, enquanto fundações culturais dão preferência a edições comemorativas.

b. O Estado pode intervir também ao propor programas de conscientização dos professores para a importância da leitura e do livro, fornecendo subsídios metodológicos alternativos e renovadores, aproximando o escritor de seu público e envolvendo-o à dinâmica da sala de aula, ou divulgando a produção literária contemporânea.
c. O Estado compra acervos já publicados e em circulação no mercado, que distribui entre as escolas ou alunos carentes, aumentando o repertório de textos a serem lidos e trabalhados em sala de aula por professores e estudantes.

Em qualquer uma das hipóteses, chama a atenção a presença ostensiva do Estado como o cliente preferencial. Essas ações, por sua vez, têm sido reproduzidas pela iniciativa particular, se bem que em proporção diversa:

a. entidades privadas filantrópicas podem colaborar no barateamento do custo do livro, copatrocinando sua edição, o que acontece, todavia, esporadicamente e, de preferência, em ocasiões comemorativas e seguidamente sob os auspícios de leis de incentivo cultural;
b. as próprias editoras encarregam-se de distribuir guias de leitura e outras modalidades de orientações metodológicas aos professores, dando ênfase, como seria de se esperar, à sua linha de produção;
c. livros são doados às escolas por empresas privadas segundo projetos de menor ou maior escala.

É inegável a importância desses programas, uma vez que ampliam o raio de ação da cultura, difundindo seus produtos e permitindo a segmentos mais amplos da população o acesso ao saber. Implicam, pois, uma tomada de posição relativamente à divulgação do conhecimento, que contraria o estereótipo segundo o qual popularizar os bens culturais significa esperar que as pessoas se mostrem mais eruditas ou consumidoras passivas de um patrimônio com o qual talvez não se identifiquem. Um posicionamento dessa natureza coincide com a crença de que a cultura, da qual o livro é um dos portadores mais prestigiados e que se difunde por intermédio da leitura, corresponde a um conjunto cristalizado de criações artísticas e intelectuais que aos indivíduos resta absorver e utilizar, se para tanto apresentarem condições. Essa é uma perspectiva que reifica a cultura, com trânsito livre na escola, quando a literatura é encarnada por clássicos convertidos em exemplo de valores ideais, aos quais cabe se submeter sem discussão.

Entretanto, não é dessa maneira que a cultura se populariza, e sim quando mesmo os grupos menos favorecidos em uma sociedade desigual, como a brasileira, podem se perceber na condição de sujeitos da criação cultural, qualquer que seja a procedência desta. Em outras palavras, quando podem se apropriar dos bens culturais e obter deles o que têm de mais importante a oferecer: certa representação do real, resultado de uma concepção do homem e da sociedade, com a qual dialogam a partir de suas experiências.

Os programas mais recentes, na medida em que não endossam a tese de valor duvidoso de que popularizar a cultura (no caso, a literatura) significa tão somente reproduzir a cultura popular entre seus produtores e adeptos, insistindo em uma segmentação que afasta os setores inferiorizados da sociedade do conjunto dos bens culturais, podem constituir um fator efetivo de democratização do saber. E, portanto, de rompimento com a tradição secular de manter a maior quantidade possível de pessoas alienadas da cultura, que, por decorrência, se desfibra, perde a vitalidade e torna-se dependente de influências externas.

Há ainda outros traços nos programas que cabe discriminar:

a. tratam-se de medidas tomadas *a posteriori*, isto é, depois de ser constatada a pouca eficiência da escola e da sociedade na condução de uma política cultural democrática e popular;
b. sugerem que uma política bem-sucedida de leitura precisa se apoiar em um destes ou em ambos os fatores:
   - na distribuição de um repertório amplo de obras destinadas ao público escolar, diferente dos livros didáticos e identificado à ficção escrita para crianças e jovens (os maiores programas em vigor atualmente preocupam-se com a compra e divulgação da literatura infantil e juvenil a escolas consideradas carentes);
   - na preparação dos professores para o trabalho com o livro infantil, na hipótese de que eles não receberam, por parte das agências encarregadas de sua formação, a capacitação adequada e/ou dependem excessivamente do livro didático ou de outro tipo de proposta pedagógica menos palatável.

Constatam-se simultaneamente os seguintes aspectos:

a. Para ampliar a faixa de acesso ao livro e melhorar a metodologia de leitura na sala de aula, não é necessário alterar o funcionamento da escola, a visão que fundamenta suas atividades didáticas, nem o processo de formação do professor, bastando compensar esses fatores com a concessão do que lhes falta, preenchendo então as lacunas e diminuindo as distâncias. Nesse sentido, os programas não evitam a presença de um componente paternalista, tendendo, por esse ângulo, a reforçar o caráter dependente da cultura que, de outro lado, desejariam eliminar. E, paradoxalmente, submetem-se às carências que desejariam suprimir, uma vez que seu desaparecimento deixaria de justificar a existência dos próprios programas regeneradores.

b. Embora tenham em vista o benefício da escola e do estudante, quem parece levar mais vantagem é o capital privado, pois as editoras recebem ajuda financeira antes ou depois de editarem os livros. E, enquanto os destinatários finais – professores e alunos – pouco podem opinar sobre o material que lhes foi generosamente doado (e é por essa razão que não o fazem), os beneficiários iniciais podem usar de seu poder para tentar influir na decisão sobre a aquisição dos títulos a editar ou adquirir.

c. Ainda quando o Estado colabora para o fortalecimento do capital, pois este, às vezes, se beneficia mais que a própria escola com o tipo de política de leitura proposta, os programas em questão revelam a permanência da tensão entre dois poderes, o público e o privado, com um agravante: o segundo não se submete aos interesses do primeiro, mas, ao mesmo tempo, almeja continuar sendo o principal favorecido das medidas tomadas. Como se sabe, a indústria brasileira do livro cresceu quando a escola se expandiu, sem que necessariamente o público leitor fora da escola tenha aumentado.

A política de popularização do livro e da leitura tem-se instalado em várias instâncias, mas precisa ser de responsabilidade do poder público, na medida em que é este que, em uma sociedade que se deseja democrática, representa a maior parte das pessoas de uma nação. No Brasil, quando os programas buscam remendar uma situação verificável de fato e não investem a longo prazo, reformulando as bases da educação e tornando a escola eficiente e ao alcance de todos, transformam-se em alternativas sem grandes efeitos, adotam caráter compensatório e acabam tendo duração passageira, como foi o exemplo do Mobral há algum tempo. Quando, por outro lado, atuam principalmente no sentido de beneficiar o capital, assumem fisionomia filantrópica, revestindo-se de imagem positiva para contrabalançar as vantagens que concede a seus reais destinatários.

Em um país em que a cultura duvida de sua nacionalidade e permanece pesquisando sua identidade, uma política de leitura que torne o livro popular sem que este abdique de seu compromisso com o saber e a arte é fundamental, porque consiste na possibilidade de ruptura com a dependência. No entanto, é preciso que seja igualmente democrática e pública, sob pena de, a pretexto de favorecer nossa pobre escola e sua clientela carente, aprofundar a divisão social e promover o poder econômico vigente.

um**ponto**seis
Cenários para o futuro, fantasmas do passado

Uma feira do livro realizada em uma cidade de porte médio do interior de São Paulo anuncia ter acolhido mais de 400 mil pessoas nos 11 dias de sua duração.[52] Festas literárias, a exemplo da prestigiada Flip, reproduzem-se com sucesso em outras regiões do país, especialmente as situadas no litoral, como Porto das Galinhas, em Pernambuco, alcançando representativo noticiário veiculado pela imprensa nacional, bem como por redes de televisão, *sites* e blogues. Prêmios literários milionários, promovidos por empresas privadas, como a Portugal Telecom e Zaffari-Bourbon, ou por governos estaduais, como os de São Paulo (Prêmio São Paulo de Literatura) e de Minas Gerais (Prêmio Governo de Minas Gerais de Literatura) e que, somados, alcançam quase um milhão de reais, são concedidos anual ou bienalmente a escritores em língua portuguesa. Os vencedores, por extensão, se beneficiam da repercussão obtida por suas obras, podendo chegar mais facilmente a seu público consumidor.

Além disso, temos, desde 2006, um ambicioso Plano Nacional do Livro e da Leitura (PNLL), cujo escopo é de ordem continental, abarcando ações nos planos federal, estadual e municipal, dedicado

---

[52] JORNAL NACIONAL. *Feira do livro de Ribeirão Preto homenageia Cora Carolina*. Disponível em: <http://jornalnacional.globo.com/Telejornais/JN/0,,MUL1210457-10406,00-FEIRA+DO +LIVRO+DE+RIBEIRAO+PRETO+HOMENAGEIA+CORA+CORALINA.html>. Acesso em: 13 jul. 2009.

a mapear, congregar e fomentar ações voltadas à promoção da leitura nos mais diferentes e distantes recantos do país. Por sua vez, o Ministério da Cultura (MinC) anuncia em seu *site* suas ações na "área do livro e da leitura", destacando-se "a implantação e modernização de bibliotecas, a implantação de Pontos de Leitura, as bolsas para escritores e os prêmios literários, realizados pela Fundação Biblioteca Nacional (FBN) e pela Coordenadoria Geral de Livro e Leitura (CGLL) – vinculada ao Gabinete do Ministro"[53]. Faltaria, nesse caso, lembrar o Proler, que, abrigado pela Biblioteca Nacional, vem constituindo um espaço de discussão de projetos de estímulo à leitura, desenvolvidos em âmbito nacional. Contamos com um Instituto Pró-Livro, com a missão de "contribuir para o desenvolvimento de ações voltadas a transformar o Brasil em um país leitor"[54], responsável pela elaboração da pesquisa *Retrato da leitura no Brasil*, cujos resultados mostraram-se animadores, ao medirem o aumento do número de leitores e do consumo de livros no país.[55]

Esse resumo sugere que temos boas razões para expressar otimismo diante do quadro da leitura no Brasil. Feiras e bienais do livro bem-sucedidas são promovidas em todas as partes do país, com a presença de escritores de renome nacional e internacional. Prêmios literários não se restringem aos milionários exemplos citados, pois a eles se somam outros, desde o célebre Jabuti, da Câmara

---

[53] BRASIL. Ministério da Cultura. *Livro e Leitura*. Disponível em: <http://www.cultura.gov.br/site/categoria/politicas/livro-e-leitura/>. Acesso em: 18 jul. 2009.
[54] INSTITUTO PRÓ-LIVRO. *Missão*. Disponível em: <http://www.prolivro.org.br/ipl/publier4.0/texto.asp?id=627>. Acesso em: 13 jul. 2009.
[55] Cf. INSTITUTO PRÓ-LIVRO. *Retratos da leitura no Brasil*. [20--]. Disponível em: <http://www.prolivro.org.br/ipl/publier4.0/dados/anexos/48.pdf>. Acesso em: 13 jul. 2009.

Brasileira do Livro, até os concursos de contos e de poemas que se realizam em diferentes regiões e cidades nacionais, com o fito de prestigiar nossa literatura por meio de seus autores, sejam os emergentes, sejam os consagrados, estabelecendo um patamar paralelo de circulação e avaliação de obras literárias, com efeitos positivos para os indivíduos atuantes no campo literário.

Poder-se-ia afirmar, pois, que o Brasil encerra a primeira década do terceiro milênio, confirmando-se como um país de leitores e concretizando a utopia de, entre outros, Castro Alves e Monteiro Lobato, para lembrar os escritores que, com mais propriedade, expressaram o ideal de que uma nação se faz com homens e livros.[56]

Essa página de otimismo tem, porém, seu avesso: os índices de aproveitamento escolar das crianças e dos jovens que frequentam os colégios brasileiros são muito baixos. Cláudio de Moura e Castro (1938), fazendo eco à cantilena geral, escreve na revista *Veja* de 8 de julho de 2009:

> *Pelos testes do Sistema Nacional de Avaliação da Educação Básica (Saeb), na quarta série 50% dos brasileiros são funcionalmente analfabetos. Segundo o Programa Internacional de Avaliação de Alunos (Pisa), a capacidade linguística do aluno brasileiro corresponde à de um europeu com quatro anos a menos de escolaridade. Sendo assim, o*

---

[56] A frase "Um país se faz com homens e livros." pertence a Monteiro Lobato, que a pronunciou diante da Biblioteca do Congresso, em Washington. Cf. LOBATO, Monteiro. *América*. São Paulo: Brasiliense, 1964. p. 45.

nosso processo educativo deve se preocupar centralmente com as falhas na capacidade de compreensão e expressão verbal dos alunos.[57]

Além disso, podemos constatar a existência de excelentes bibliotecas pertencentes a colecionadores particulares, sendo José Mindlin (1914-2010) o melhor exemplo da atitude preservacionista e generosa diante do livro antigo, raro ou valioso para assegurar a cultura de uma nação. Porém, as bibliotecas públicas estão, na maioria dos casos, em mau estado, carentes de verbas para manutenção e renovação de seus acervos, nem sempre dispondo de arquivos informatizados e acessíveis *on line*. Muitas cidades pequenas, ou até de porte médio, não possuem bibliotecas públicas adequadas, as bibliotecas escolares de escolas públicas são precárias, e mesmo as instituições universitárias mantêm catálogos insatisfatórios.

O ensino público vive provavelmente o pior período de sua trajetória: se, no passado, faltavam escolas, conforme indicam pesquisas sobre a história da educação brasileira, no presente, sua continuidade e sua própria existência estão ameaçadas.

Como se sabe, foi na década de 70 do século XX que se deu a expansão acelerada da escola pública brasileira, que pôde disponibilizar vagas sobretudo para a população urbana de todo o país. Ainda que, em diferentes fases, se tenha constatado *déficit* de

---

[57] CASTRO, Claudio de Moura. Os meninos-lobo. *Veja*, ano 42, n. 27, edição 2120, 8 jul. 2009. Ver também: PAULINO, Graça; COSSON, Rildo. Letramento Literário – para viver a literatura dentro e fora da escola. In: ZILBERMAN, Regina; RÖSING, Tania. *Escola e leitura*: velha crise, novas alternativas. São Paulo: Global, 2009.

vagas, torna-se difícil afirmar que, hoje, faltem lugares para os interessados em cursar o ensino básico. Em algumas regiões, como no Rio Grande do Sul, onde o número de habitantes tem-se mantido relativamente estável, há seguidamente *superavit* de vagas, levando a Secretaria de Educação a juntar turmas – a malfadada "enturmação" – e, mesmo, a fechar escolas, sobretudo as situadas no meio rural. Porém, não cabe festejar tais resultados, pois essas escolas, mesmo quando em quantidade suficiente, são muitas vezes pobres, mal aparelhadas, despreparadas para dar conta de sua tarefa pedagógica.

Além disso, a escola tornou-se um espaço inaudito de violência, sejam as instituições públicas ou privadas, reproduzindo, e às vezes até ampliando, mas, de toda maneira, particularizando a insegurança de que se ressente por inteiro a sociedade brasileira contemporânea. Também não é impróprio lembrar o desencanto que acompanha o exercício do magistério pelos professores: seja pela violência de que eles são objeto, seja pela baixa remuneração, seja pelo despreparado, seja pelo modo degradado com que muitas vezes a profissão é retratada – tudo parece colaborar para que falte estímulo ao profissional atuante em sala de aula, o qual, sempre que pode, procura escapar a esse compromisso, optando por outros espaços de trabalho (a biblioteca sendo um dos mais almejados), faltando, aposentando-se logo que possível etc.

No entanto, ainda não são esses fatores os que ameaçam a sobrevivência da escola, pois se pode até cogitar que medidas políticas mais eficazes, que tivessem a melhoria da educação brasileira como horizonte, poderiam reverter o quadro negativo. Maiores investimentos na qualidade do ensino, com a correspondente valorização de quem exerce a docência, provavelmente colaborariam para que os resultados, no âmbito da aprendizagem, atingissem índices mais elevados. Além disso, algumas medidas vêm sendo tomadas, como ampliação da ação da Capes, que, desde 2007, passou a incluir uma diretoria e um conselho técnico-científico (CTC) dirigido ao ensino básico, responsável por programas como o Prodocência (Programa de Consolidação das Licenciaturas) ou o Programa Institucional de Bolsa de Iniciação à Docência (PIBID)[58], o estabelecimento de um piso salarial para o professor etc. Por mais que se questionem a eficácia e o alcance de tais iniciativas – que, aliás, podem até ser chamadas de *paliativas* –, não se pode negar o fato de que aí estão e aguardam sua plena vigência.

Contudo, é a natureza da escola que está em questão: instituição que remonta à Antiguidade, desde sua origem vocacionada para a preparação do jovem, que, por meio da ação de seus mestres e instrutores, é introduzido ao conhecimento da língua, da tradição cultural, da ciência e da arte, a escola sofre presentemente a concorrência de outras atividades tidas como mais eficientes para a consecução dessas metas. Sejam os meios de comunicação de massa, sejam as ferramentas propiciadas pela informática, temos pela frente instrumentos de ensino altamente eficazes e que podem competentemente substituir a educação formal. Não por outra razão expande-se a educação a distância, supondo um modelo de aprendizagem que exclui o espaço social e socializador da escola, materializado por salas de aula, recreação, biblioteca, assim como

---

[58] Cf. CAPES – Coordenação de Aperfeiçoamento de Pessoal de Nível Superior. Disponível em: <http://www.capes.gov.br/>. Acesso em: 18 jul. 2009.

a ação física do professor. Graças à educação a distância, não desaparecem o ensino e a aprendizagem, mas se eliminam, parcial ou inteiramente, fatores que personalizam a vida escolar no âmbito do social e do político.[59]

O verso da página otimista é oferecido por uma espécie de futuro à moda do romance *1984*, de George Orwell (1903-1950). E, se seu *Big Brother* já foi banalizado em emissões televisivas que divertem grande massa de espectadores em todo mundo, não mais causando, portanto, o choque e a repulsa suscitados pela obra do ficcionista inglês, é porque alguns de seus sintomas – como o controle individual dos sujeitos (o já popular Sistema de Posicionamento Global, popularmente conhecido por GPS), a fragmentação da liga social em decorrência do narcisismo e do exibicionismo imperantes, o empobrecimento econômico, a globalização, a competitividade individualista – já vigoram entre nós, sendo em muitos casos acolhidos de modo festivo.

Colocado em outros termos, o que é da conta do consumo vai bem; por isso, produzem-se e vendem-se mais livros, autores e editores ganham, e a literatura pode ser uma celebração. Mas o que é da conta da leitura e da habilitação do leitor vai mal e poderá piorar, pois, na falta de sujeitos habituados ao consumo da literatura, é provável que se testemunhe o desaparecimento de seu público.

Aparentemente nós, brasileiros, e parodiando o título de um velho sucesso literário do britânico James Hilton (1900-1954), lançado em 1937, "não estamos sós". Em livro publicado nos primeiros meses de

---

[59] Talvez se possa ir mais adiante e pensar se a própria noção de aprendizagem – isto é, de aquisição do conhecimento – não está em processo de descrédito, para posterior descarte.

2009, a romancista francesa Danièle Sallenave (1940) procura entender porque os jovens residentes na França, especialmente os que migraram da África para aquele país ou que descendem de imigrantes, provenientes das antigas colônias, os alcunhados *beurs*, não gostam de ler. Observando, na abertura do livro, que, em 2007, "a questão da leitura reapareceu de modo brutal, inesperada, tal como o retorno do reprimido, sob suas duas espécies, o deciframento do texto e a construção do sentido"[60], fato que determinou uma grande operação promovida pelo governo, "para tentar preencher este fosso que separa os colegiais dos livros" (p. 15), a autora aceita participar de um programa de visitas de escritores a escolas francesas. Após ter trabalhado em duas turmas da "*troisème*", portanto, com jovens entre 14 e 15 anos, de uma escola situada de Toulon, cidade portuária localizada no sul da França, quando manteve três encontros durante três meses com cada uma delas, Sallenave retoma o diálogo com a educação a partir do relato de sua experiência e, principalmente, da manifestação de suas inquietudes.

Suas atividades didáticas consistiram em ler um texto dramático de sua autoria com os estudantes, discutir a respeito e, depois, motivá-los a redigir suas próprias páginas literárias. Desde o primeiro encontro, os jovens expressam seu desamor pela leitura, invocando o "direito de não ler": como eles dizem, ninguém é obrigado a isso. Ainda assim, as reuniões progridem, o grupo aceita a proposta de trabalho da escritora e o resultado final parece a ela bastante satisfatório. É o que a leva a discutir o problema e, sobretudo, a expressar seus pontos de vista, aqui resumidos:

---

[60] SALLENAVE, Danièle. *Nous, on n'aime pas lire*. Paris: Gallimard, 2009. p. 13.

a. segundo Sallenave, a escola ainda merece nosso crédito e nossa confiança, pois congrega "todo um sistema de saber, de aprendizagens, de conhecimentos, da própria cultura" (p. 39); além disso, "conserva, às vezes apesar dela, restos de um antigo mundo e de suas antigas grandes linhas: o sério, o esforço, o gosto do saber." (p. 56-57); "a escola [também] continua um lugar em que o valor supremo, o dinheiro, é sensivelmente contido, mesmo contradito por outros modelos: a ciência, a arte." (p. 57);

b. para ela, o ensino da língua é fundamental, pois "o gosto da leitura não pode vir sem uma relação completa, correta, bem constituída, com as palavras." (p. 77);

c. se, de uma parte, a leitura de livros concorre com atrações mais sedutoras, que circulam dentro, mas principalmente fora da sala de aula, como videogames, *clips* musicais na televisão, internet, por outro, é preciso lembrar que "tudo isso carreia em massa informações, distrações, prazer, medo, gozo, *mas não o pensamento*, se entendemos por isso uma capacidade de se distanciar, de se voltar sobre o que se vê e sobre si mesmo." (p. 106, grifo do original)

A autora procura igualmente manifestar suas opiniões relativamente a práticas e concepções com as quais não concorda:

a. Discorda radicalmente da manifestação de Daniel Pennac (1944), segundo a qual o leitor tem "o direito de não ler", mandamento ao qual os jovens recorrem, quando querem justificar sua aversão à leitura. Comenta ela: "evidentemente, não é proibido não ler, mas é *satisfatório*? Será que, exercendo plenamente seu 'direito de não ler' não nos achamos privados de alguma coisa essencial?" (p. 101, grifo do original). Assim, propõe uma alteração dessa formulação: "É melhor inverter a fórmula: ler é que *é um direito*, e é lamentável que nem todos possam usufruir este direito." (p. 102, grifo do original)

b. Assim sendo, acredita que é preciso "fazer com que as crianças, os alunos, leiam." (p. 101), já que os jovens evocam um mundo sem livros. Por outro lado, se "fazer com os alunos leiam" é uma tarefa prioritária, "fazer ler não é levar adiante uma campanha de vacinação." (p. 101).

Sallenave expõe igualmente seu diagnóstico, indicando o que considera serem razões para a falta de leitura por parte dos jovens:

a. Os alunos não sabem ler: "muitos adolescentes não têm uma prática suficientemente fluida, rápida, fácil, da leitura." (p. 102). "Muitos alunos não gostam de ler, *porque não aprenderam a ler bem*. Eles leem muito lentamente, têm as maiores dificuldades de deciframento, como desejamos que eles não se aborreçam?" (p. 102, grifo do original).

b. Além disso, dispõem de um vocabulário reduzido: "Ler aumenta o vocabulário; mas supõe também possuí-lo." (p. 103).

c. Emprega-se demasiadamente a literatura juvenil na escola: "há muitos textos de literatura juvenil, como se diz hoje, nos programas dos colégios; logo, muita língua moderna, para não se falar do resto, muito moralismo que reina nessas histórias petrificadas de uma visão de mundo estreitamente ligada à nossa época" (p. 128).

d. Os professores, eles mesmos, não leem, não frequentam os livros de modo regular e profundo: "é preciso que eles sejam bons, verdadeiramente grandes leitores." (p. 137). Comenta a autora: "Nenhum professor levará seus alunos ao gosto do livro se ele mesmo não tem. Que ninguém me diga: mas onde encontrar o tempo para ler, quando estamos cheios de trabalho! Essa questão tem sua própria resposta: não encontrar o tempo para ler é já uma confissão. O gosto de ler não se mede apenas pelo número de livros que se lê, mas pela necessidade que se tem deles." (p. 138).

e. O que ela chama de *pedagogismo*, vale dizer, a noção de que uma boa metodologia de ensino faz uma boa aula, independentemente de seu conteúdo: "não esqueçamos jamais que a ideia de *ensinar a ensinar* é uma aberração. Não esqueçamos ainda que um professor nunca poderá compensar as lacunas em sua disciplina por um treinamento sofisticado pela didática. Toda a retórica pedagogista se funda sobre esse argumento: podemos ensinar mal o que se conhece bem. Talvez seja verdadeiro. Mas há outra verdade, essa incontestável: jamais poderemos ensinar bem o que conhecemos mal." (p. 143, grifo do original).

Sallenave expressa igualmente suas expectativas diante da ação da escola. Consciente de que essa não é a mesma de 25 ou 30 anos atrás – "a escola de hoje, salvo em alguns lugares, é toda uma outra escola" (p. 84), escreve –, constata também que a democratização do ensino não gerou necessariamente uma escola de qualidade. Sob esse aspecto, ela de certo modo manifesta sua esperança de que a escola reabilite sua função original, que, sob tais transformações, saiu do foco. Assim, lembra que cabe aos professores recuperarem o objetivo fundamental da educação, a saber, levar os estudantes a formarem um juízo consistente sobre pessoas, acontecimentos, objetos, não se limitando, pois, a seguir a opinião dos outros. Sob esse aspecto, acredita ela, a leitura desempenha papel fundamental, alcançado se os estudantes entenderem o que podem ganhar a mais com os livros que lerem:

> *O que fazer então? Impor aos adolescentes formas autoritárias de aprendizagem da língua, leitura, escrita obrigatória, que, à nossa demanda, substituirão suas ocupações cotidianas? Não, evidentemente. Mas levá-los a ver e a compreender tudo que lhes será dado a mais, se alcançarem um melhor uso da linguagem e um acesso melhor às obras em que ela está corporificada. Que eles se liberem mais facilmente de uma oralidade que deixa a língua (e o espírito) em uma fluidez e uma incerteza desconcertantes. Que eles se liberem também do mundo estreito e seguidamente duro em que sua existência cotidiana os bloqueia.* (p. 106-107)

Aceitando a síntese do livro de Danièle Sallenave em 2009, redigido a partir de uma experiência da escritora desenvolvida no primeiro semestre de 2008, obra acolhida favoravelmente pela crítica literária francesa, pode-se concluir que:

a. os franceses, quando representados sobretudo pelos jovens das camadas mais pobres ou mais marginalizadas da população – a saber, os filhos dos imigrantes africanos, a maioria de etnia muçulmana –, não são muito diferentes de nossos estudantes, sendo que os professores e pedagogos daquele país vivenciam atualmente questões com as quais nos deparamos em nossas escolas e entre nossos alunos;

b. as alternativas oferecidas pela autora não são extraídas de uma cartola mágica; pelo contrário, ela sugere que a escola repense suas mudanças e verifique se não é mais proveitoso buscar e retomar seus propósitos e projetos originais.

Tais alternativas podem, é claro, ser consideradas passadistas, conservadoras ou anacrônicas. Afinal, a autora não é jovem (nascida em 1940, aproxima-se dos 70 anos), embora a diferença de idade não a tenha impedido de enfrentar duas turmas de alunos que poderiam facilmente passar por seus netos. Além disso, ainda que consciente de que a escola não é mais a mesma, seu olhar, quando voltado para o presente, busca saídas e soluções em iniciativas e concepções praticadas no passado.

Essa, parece-me, é precisamente a questão.

Porque a pergunta que se impõe talvez seja esta: temos condições de nomear as medidas a serem adotadas, sem retomar projetos do passado dentro do qual fomos formados?

Para responder a ela, cabe lembrar circunstâncias históricas que remontam aos primeiros congressos de leitura, dos quais fez parte a fundação da Associação de Leitura do Brasil (ALB), no bojo de uma série de iniciativas. Entre as quais se podem arrolar a criação da Associação de Professores de Língua e Literatura (APLL), em São Paulo, os congressos e seminários focados na literatura infantil e na formação do leitor, as jornadas de literatura de Passo Fundo e os encontros de escritores com estudantes de todos os níveis de ensino.

Naquele período, situado entre o final de 1970 e o começo de 1980, condenava-se o modelo de ensino da literatura, calcado no livro didático e na imitação dos autores canônicos, modelo, aliás, que agonizava na esteira das alterações da legislação brasileira, responsável pela transformação da estrutura da educação fundamental, que transformara a disciplina de Português na então designada Comunicação e Expressão. Ao mesmo tempo, propostas inovadoras andavam "nas cabeças" e "nas bocas", como diz Chico Buarque de Holanda em sua canção Que será. Dessas, podem-se resgatar algumas delas:

a. a valorização da produção textual do aluno, em lugar da absorção passiva das normas linguísticas legitimadas pela gramática;
b. a valorização da literatura infantil, ou juvenil, visando adequar a leitura oferecida em sala de aula à faixa etária do aluno, equalizar a obra e o leitor e superar o modelo autoritário de transmissão do conhecimento literário, corporificado por obras canônicas e por autores do passado;
c. a rejeição do livro didático, seja por esse tipo de obra privilegiar um procedimento autoritário de veiculação da literatura, seja por não dar espaço ao imaginário próprio à obra literária, seja por não suscitar a criatividade do estudante, seja por seu caráter normativo no que diz respeito aos aspectos ideológicos e linguísticos. Não é demais lembrar o êxito alcançado pelo livro de Umberto Eco (1932) e Marisa Bonazzi, Mentiras que parecem verdade, obra que alcançou oito edições em 1980, ano em que foi lançada no Brasil, sucesso precedido pela repercussão da coletânea de ensaios de Osman Lins (1924-1978), Do ideal e da glória: problemas inculturais brasileiros, de 1977.

Passados 30 anos desde que essas formulações se tornaram públicas e expostas em obras impressas, em projetos pedagógicos e em ações do professor em sala de aula, pode-se afirmar que elas se impuseram. Não que o livro didático tenha desaparecido; pelo contrário, ele ainda representa um dos segmentos mais lucrativos da indústria livreira nacional graças ao considerável respaldo das compras governamentais que nunca se interromperam. Mas a valorização da produção de textos é um dos esteios dos parâmetros curriculares elaborados durante os anos 1990, e, mesmo em planos que almejem suplantar os PCNs, sua prática não foi suprimida, nem posta sob suspeita. Exitosa, enfim, é a circulação de livros dirigidos ao público infantil e juvenil em escolas brasileiras, fortalecendo um gênero literário cuja expansão, iniciada na passagem dos anos de 1960 para os de 1970, ainda não foi refreada, até pelo contrário, graças também a compras governamentais, à realização de feiras e bienais do livro exclusivas, às visitas dos escritores às escolas e universidades.

Algo, porém, deu errado, e não se pode culpar o Estado – crescentemente democrático a partir de 1985, na esteira da substituição do regime militar por um governo eleito pela maioria da população a partir de 1989 –, nem a administração pública em nível federal ou estadual, parceiros constantes de planos de promoção à leitura, mesmo quando estes são executados de modo parcial ou de forma insatisfatória.

Cabe, portanto, proceder a uma criteriosa avaliação desse processo, não para indiciar os culpados, mas diagnosticar se foram praticados equívocos, se diante de encruzilhadas se tomou o caminho enganoso, se havia outra alternativa. Pode-se até cogitar que o bebê foi jogado fora, junto com a água do banho. Isto é, combateu-se o livro didático por seu autoritarismo, pela repetição de clichês, por seu anacronismo; mas não foi igualmente descartada uma concepção de literatura como memória cultural? Ou como patrimônio formador de uma identidade individual e coletiva?

Privilegiou-se a literatura infantil, especialmente a brasileira e a contemporânea, hoje hegemônica nas boas casas, digo, escolas do ramo. Mas o excesso de exposição a esse gênero literário não terá levado à formação de leitores imaturos, habituados a narrativas lineares e fartamente ilustradas, que nem sempre requerem grande esforço intelectual?

É hora, pois, da avaliação, que, por natureza, é retrospectiva. Talvez a avaliação remeta para os desacertos que possamos ter cometido, conforme um salutar processo de autocrítica. Sob esse aspecto, o olhar para frente supõe uma volta, sem que esse olhar seja paralisante, como o da mulher de Lot, consumida pela curiosidade e, provavelmente, pela nostalgia dos tempos vividos em Sodoma.

De certo modo, esse voltar-se paralisante para o que já foi é perceptível no procedimento da francesa Danièle Sallenave. Mas não é para Sodoma que ela retorna, e sim para a função humanista da escola. Esta pode ter uma dimensão unicamente utópica, mas, mesmo quando nos voltamos para o passado, ela aparece no futuro, porque está à frente. Eis o que a proposta da romancista oferece para quem carece de direção.

Projetar os próximos congressos de leitura, as ações de associações como a ALB, os planos de projetos pedagógicos em todas as etapas do ensino coincide com o retrospecto avaliativo. Talvez ele leve à constatação de que é hora de retomar atividades que já foram rejeitadas, na hipótese de que, mesmo que reapropriadas do passado, elas serão diferentes no futuro. Assim, reivindicar a reintrodução de leituras de clássicos brasileiros no ensino básico pode ser uma boa medida, porque, em nossos dias, eles servirão de contrapeso à literatura infantil, estabelecendo os limites dentro do qual ambas as modalidades de livros se movimentam. Da mesma maneira, regrar o uso da língua nacional ou buscar ampliar as possibilidades de expressão segundo critérios de correção gramatical equilibrarão a legítima permissividade criativa com que todos lidam com a linguagem verbal em meio digital.

Eis um cenário possível para os próximos anos. Dele não pode estar excluída a interação, a convivência e a aceitação do universo do jovem. Essa é provavelmente a principal mudança sofrida pela escola não apenas no Brasil, mas, pelo menos, na geografia do Ocidente, nos hemisférios Sul e Norte. O jovem não é tão somente parte da cultura: ele é a própria cultura, a que todos desejam, de algum modo, imitar. Seu modo de ser, pensar e agir tornou-se paradigmático, e a escola, copiando o que faz a sociedade contemporânea, precisa aprender a lidar com essa transformação, sem, por outro lado, abrir mão de suas prerrogativas históricas, sob pena de anular-se.

Constituindo espaço ocupado por crianças e jovens, mas não sendo necessariamente seu espaço preferido, a escola talvez necessite reinventar seus modos de dialogar com seus usuários. Não poderá fazê-lo sem repensar sua trajetória e, como se observou antes, sem reavaliar as escolhas feitas ao longo das últimas décadas.

dois literatura e ensino

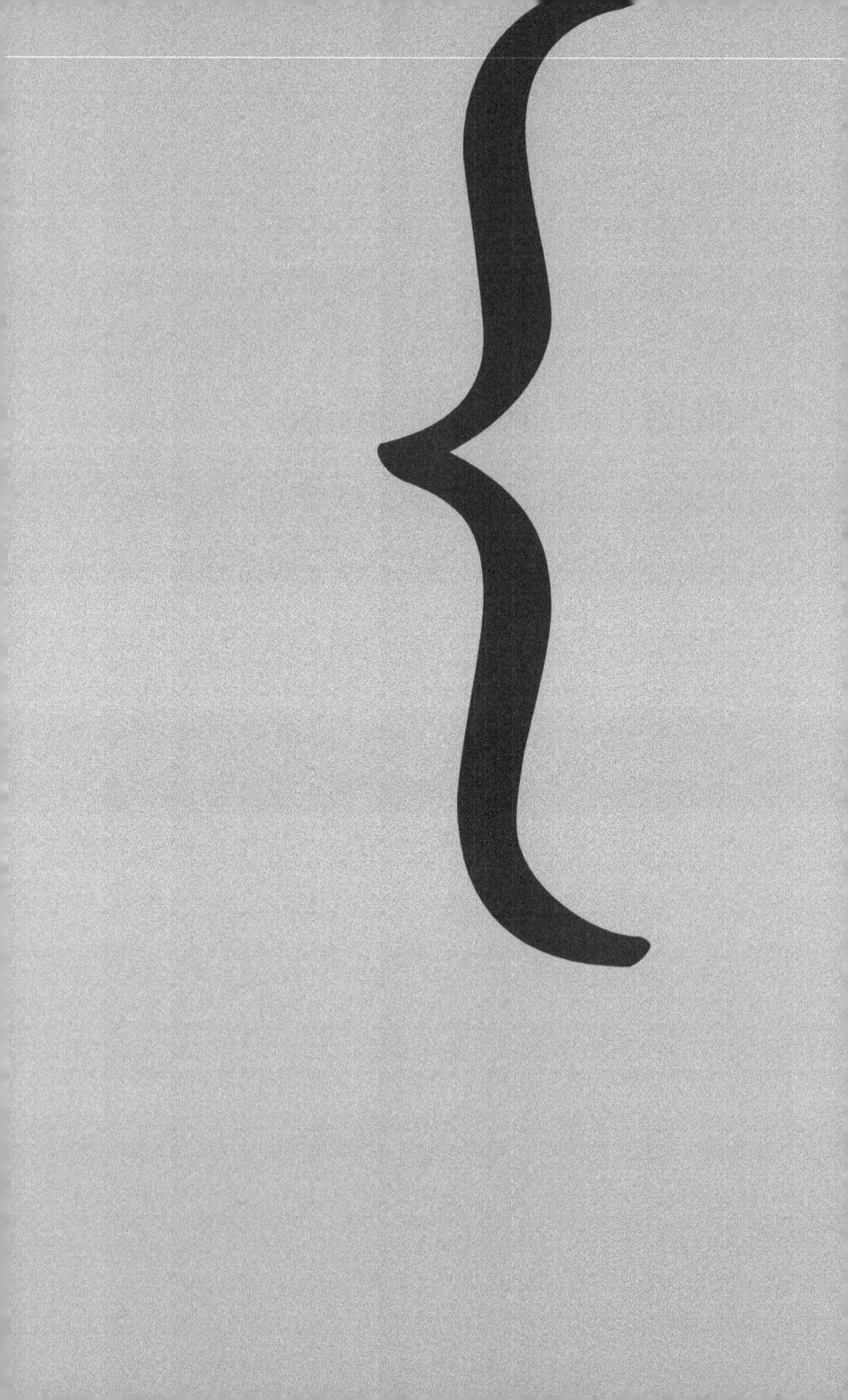

doispontoum
Literatura infantil para crianças que aprendem a ler

Na verdade, acho que as crianças deviam aprender a ler nos livros do Hegel e em longos tratados de metafísica. Só elas têm a visão adequada à densidade do texto, o gosto pela abstração e tempo disponível para lidar com o infinito. E na velhice, com a sabedoria acumulada numa vida de leituras, com as letras ficando progressivamente maiores à medida que nossos olhos se cansavam, estaríamos então prontos para enfrentar o conceito básico de que vovô vê a uva, e viva o vovô. Vovô vê a uva! Toda a nossa inquietação, nossa perplexidade e nossa busca terminariam na resolução deste enigma primordial. Vovô. A uva. Eva. A visão. Nosso último livro seria a cartilha. E a nossa última aventura intelectual, a contemplação enternecida da letra A. Ah, o A, com suas grandes pernas abertas.

LUÍS FERNANDO VERISSIMO[1]

---

[1] VERÍSSIMO, Luís Fernando. ABC. In: _____. A mulher do Silva. Porto Alegre: L&PM, 1984, p. 48-49.

❰ A CRIANÇA CONHECE o livro antes de saber lê-lo, da mesma maneira que descobre a linguagem antes de dominar seu uso. Os diferentes códigos – verbais, visuais, gráficos – se antecipam a ela, que os encontra como se estivessem prontos, à espera de que os assimile paulatinamente ao longo do tempo.

Entre os códigos enumerados, o gráfico vem por último. Sua apropriação depende da intermediação da escola, que emprega recursos metodológicos para obter a aprendizagem desejada. A alfabetização, como é concebida pela sociedade contemporânea, não pode dispensar a ação pedagógica, que se vale de um espaço característico, a sala de aula, e de um agente especialmente talhado para essa tarefa, o professor.

A partir dos resultados do trabalho docente, a leitura transforma-se em vivência da criança, como uma habilidade que ela pode controlar e desenvolver com o transcurso do tempo. Quando a palavra escrita pode ser decifrada por ela, os diferentes materiais introduzidos pela imprensa, como o livro, o jornal ou a revista, passam a estar a seu alcance, servindo de suporte aos gêneros artísticos (ou não) correspondentes: a literatura, a história em quadrinhos, o conto.

Esses materiais, como se disse, são conhecidos pela criança antes de sua alfabetização; e o fato de que ela deseja compreendê-los pode ser estimulador da aprendizagem, antecipando-a em alguns casos. Por outro lado, a estratégia de atrair a criança, induzindo-a indiretamente ao conhecimento das letras, e a aprendizagem da leitura convém àqueles veículos: eles vão cativando seu público virtual e garantindo seu consumo posterior, que, se começa antes da alfabetização, torna-se mais constante depois de ser bem-sucedida a prática escolar.

Os dois aspectos envolvem a literatura infantil com a alfabetização e a escola. Ela pode ser motivadora da aprendizagem das crianças, conduzidas estas ao contato com os livros em casa, entre os pais e os amigos, ou na sala de aula, quando da frequência à educação infantil. Porém, é igualmente beneficiária dos efeitos alcançados: a criança, convertida em leitora, consome novos textos, propiciando demanda continuada e solidificando o público, imprescindível para garantir a produtividade do gênero.

Tais fatores antecipam a caracterização da literatura infantil nessa etapa da leitura da criança e indicam, mais uma vez, a encruzilhada que enfrenta. Ela estimula a alfabetização, que, da sua parte, promove as condições para o consumo de textos. Estes acabam por dobrar-se aos interesses da escola, que favorece sua continuidade no mercado. Entretanto, essa permanência refere-se antes ao conjunto da literatura infantil, e não aos livros especialmente dirigidos ao período da alfabetização. Estes são particularmente transitórios, pois seu uso limita-se apenas ao estado intermediário em que as crianças começam a dominar o código escrito, contudo, sem a fluência e a segurança necessárias para poder escolher e ler qualquer tipo de obra. Superada essa fase, eles podem ser dispensados, o que via de regra acontece. Desse modo, espelham a faceta mais descartável e efêmera da literatura infantil. Sua validade – importante para a conservação dessa linha de livros – não pode depender então exclusivamente da adequação às exigências da faixa de alfabetização, sob pena de ficarem por demais atrelados ao fim a que se destinam. Caminhos diferentes, e até opostos, oferecem-se aos escritores que optam por atender a essa demanda. A análise dos textos, a seguir, procura caracterizar as modalidades de trajetórias escolhidas, bem como exemplificar algumas alternativas de solução do problema encontradas pelos autores.

Desde que a alfabetização tornou-se tarefa da escola, as cartilhas converteram-se nos livros mais autorizados à consecução daquela meta. A cartilha tem todas as características do livro didático, a começar pelo fato de que se destina exclusivamente ao emprego na escola. Isso não impediu, todavia, que vários escritores, alguns renomados, produzissem abecedários dirigidos à infância, amalgamando sua atividade literária à didática. Erico Veríssimo escreveu, nos anos de 1930, *Meu ABC*, que assinou com o pseudônimo de Nanquinote. Em 1948, Mário Quintana publicou, também, como Erico, pela Editora Globo, *O batalhão das letras*. Mais recentemente, Walmir Ayala (1933-1991) lançou *Aventuras do ABC* pela Melhoramentos, e Bartolomeu Campos de Queirós (1944) editou, pela Miguilim, *Estória em 3 atos*, cujas personagens são as letras do alfabeto.

Nesses livros, é patente a assimilação da tarefa escolar, uma vez que não se trata de obras em que estão presentes algumas características da ficção, tais como a ação narrativa balizada entre o aparecimento de um problema a resolver (um conflito entre seres vivos, de preferência) e sua solução, a presença de uma ou mais personagens ao leitor as letras na sequência em que o alfabeto as ordena e na variedade de suas diferentes formas gráficas. É a aparência externa delas que o escritor deseja iniciar a criança, de modo que a obra serve de introdução a todas as demais, a tarefa de habituar a leitor ao formato diversificado das letras encerrando sua razão de ser.

Outras são as particularidades de um segundo tipo de livro destinado às crianças em fase de alfabetização, publicado por editoras que investiram, desde os anos de 1970, com maior assiduidade na literatura, como a Ática e a Melhoramentos.

A primeira interessou-se pelo campo em questão em 1978, quando lançou a coleção *Gato e Rato*, composta inicialmente de seis títulos: *O rabo do gato, O fogo no céu, O pote do melado, O pega-pega, A bota do bode, Tuca, Vovó* e *Guto*, escritos por Mary França e ilustrados por Eliardo França (1941). A segunda entrou no ramo pouco mais tarde, embora, em outras fases de sua história, tivesse publicado livros de cunho paradidático, como, nos anos 1940, as *Histórias do Tio Damião*, de Lourenço Filho, e tenha sido patrocinadora da obra citada de Walmir Ayala. A série *Mico Maneco*, direcionada para a etapa da alfabetização, apareceu em 1982, constando inicialmente de quatro títulos: *Cabe na mala, Tatu bobo, Menino Poti* e *Mico Maneco*, com texto de Ana Maria Machado (1941) e ilustrações de Claudius (1937).

Que o destinatário virtual das duas coleções é a criança alfabetizanda, indicam-nos as frases colocadas na quarta capa. As da *Gato e Rato* dizem simplesmente:

Para a criança que está se alfabetizando ler sozinha,
Para a criança a partir de 4 anos.

A outra série é apresentada de modo mais detalhado:

A série MICO MANECO foi especialmente desenvolvida para crianças a partir dos seis anos, que estão começando a ler sozinhas. Para isso as frases são curtas, as letras de tamanho grande e as ilustrações apoiam e reforçam o texto que é todo desenvolvido a partir do mesmo repertório de sílabas.

A seguir, o texto da quarta capa presta informações relativamente à ordem de leitura:

Por essa razão, sugerimos que a leitura dos livros, que fazem parte dessa série, seja orientada na seguinte ordem:
Cabe na mala;
Tatu bobo;
Menino Poti;
Mico Maneco.

Poderíamos dizer que o texto da Melhoramentos torna mais explícita a intenção contida nas duas frases utilizadas pela Ática. Talvez assim seja; porém, mais relevante no caso é que as indicações de capa apontam o destinatário real dos livros: o adulto que compra (ou recomenda) o texto, porque precisa prover com leituras e criança (seu filho ou aluno) que começa a "ler sozinha". É ele quem, sozinho, entende a mensagem didática colocada ao final, e não o leitor neófito, ainda claudicante e que apenas pode decifrar as frases internas do livro, não as externas, especialmente quando tão complexas como as enunciadas pela Melhoramentos.

Outro aspecto digno de nota é a ordem de leitura. Mais uma vez a mensagem da Melhoramentos é mais explícita, já que determinada sequência é sugerida com clareza, além de as histórias serem interligadas; por isso, ela é igualmente mais comprometida com a pedagogia e a escola. Na coleção *Gato e Rato*, a preferência é antes pela simultaneidade ou então pela escolha aleatória, pois, aparentemente, todos os textos lidam com técnicas similares e dificuldades comuns do processo de leitura.

Também significativa é a autoria. Ambas as coleções caracterizam-se pela constância do par escritor-ilustrador, como se a mudança de um deles alterasse a concepção (linguística) do todo. É notável ainda a presença de nomes prestigiados tanto na literatura infantil, como nas artes gráficas brasileiras. As coleções, redigidas e ilustradas por nomes conhecidos, ganham novo prestígio e compensam sua inclinação didática e paraescolar. Além disso, o renome dos ilustradores Eliardo França e Claudius sugere a importância atribuída ao aspecto visual, que se mostra o elemento capaz de efetivamente atrair a criança e motivar o consumo. Na coleção *Gato e Rato*, esse fato é mais patente, dadas as características gráficas dos livros: formato maior, papel acetinado, ilustração a quatro cores mais nítidas graças ao fundo de preferência branco, tipos mais fortes e mais integrados à figura.

Os textos internos envolvem outras questões, a começar pelos aspectos gráficos, que distinguem as duas obras[2].

Graficamente, os dois textos diferem. *A bota do bode* (e os outros da coleção) é um livro de 22 cm X 19 cm, com as letras impressas sobre o fundo branco da ilustração. *Cabe na mala* (e os outros da mesma série) tem 14 cm X 14,5 cm (0,5 cm a mais na largura) e alterna páginas com texto e páginas com ilustração. Por outro lado, as histórias apresentam elementos comuns:

---

[2] FRANÇA, Mary; FRANÇA, Eliardo. *A bota do bode*. 2. ed. São Paulo: Ática, 1979.
MACHADO, Ana Maria; CLAUDIUS. *Cabe na mala*. São Paulo: Salamandra, 1982. (Coleção Mico Maneco).

a. As personagens são animais, a maioria domésticos: o bode, o rato, o galo e o gato & família, na primeira; a vaca, o cavalo, a cutia e o tatu, na segunda.

b. O conflito é causado por um objeto cuja função precisa ser descoberta ou compreendida; como ambos os objetos destinam-se a abrigar alguma coisa, o conflito se resolve quando eles são ocupados de maneira engenhosa.

Todavia, há diferenças no desenvolvimento da ação ficcional: *A bota do bode* apresenta o processo de busca de solução do problema, o que motiva o diálogo entre as personagens, vale dizer, seu inter-relacionamento social. *Cabe na mala* alterna a ação equivalente de duas personagens que não estabelecem qualquer canal de comunicação. A identidade do problema é sugerida, nesse livro, pela semelhança entre as frases que o enunciam, determinando as repetições no texto, e reforçada pelas ilustrações, que se espelham duas a duas. Em outras palavras, a cada duas páginas ocorrem trechos similares, com ilustrações que mostram os animais em situações parecidas. A reiteração provoca monotonia, e esta se intensifica em decorrência do fato de que o processo de solução é omitido. Ocorre o problema conflitante: como carregar o objeto desejado? A seguir, aparece a solução para a pergunta; porém, o modo segundo o qual isso aconteceu é escamoteado, a decisão mais importante não é esclarecida, permanecendo a dúvida (com a consequente lacuna) do leitor.

Um terceiro elemento em comum é:

c. Embora se destinem a crianças que se alfabetizam, as narrativas não buscam tematizar a leitura ou a fase vivida pelo destinatário. O fator pedagógico, como se viu, ficou relegado à capa, sem que as histórias o incorporem. Procuram antes investir na realidade existencial do leitor, ao valorizar o engenho como meio de encontrar saída para as dificuldades (como em *Cabe na mala*) e a utilidade dos objetos do cotidiano (o que transparece nas duas obras).

As relações entre a criança e a leitura emergem nos textos por outra via. Como as histórias visam ao indivíduo que começa a "ler sozinho", é com o horizonte de leitura deste que elas procuram lidar. É importante frisar que não se trata de seu universo linguístico, e sim de seus *limites de leitura* – seja em relação ao ritmo de decodificação das palavras e frases e de persistência na leitura de um texto até o final; seja em relação à habilidade para juntar consoantes e vogais; seja como possibilidade de interpretar a ação exclusivamente por decorrência da leitura, e não da audição e do acompanhamento do adulto.

Porque começa a ler desacompanhada do auxílio do adulto, a criança, em certo sentido, regride no que diz respeito ao consumo de textos transmitidos verbalmente. Exige, de certo modo, obras de menor complexidade linguística e semântica; por consequência, impõe um enigma literário ao escritor, a quem compete desenvolver a ação ficcional de modo menos denso, mas com transcurso mais acelerado, uma vez que, entre o conflito e a solução, ele dispõe apenas de poucas frases, mas de muitas páginas.

É preciso convir que, no caso dos dois textos analisados, Mary e Eliardo França foram felizes na resolução do problema ficcional. Em primeiro lugar, reduziram a ação a um único episódio e narraram o que os animais fizeram ao encontrar um objeto – a bota – que não pertence a seu ambiente, e sim ao universo humano. E adotaram a estrutura narrativa da anedota, segundo a qual, da proposição do problema à sua solução, opera-se por acumulação, no caso de *A bota do bode*, indicando as três ideias inadequadas, até alcançar a quarta, que se revela apropriada: a bota transforma-se em moradia dos felinos filhotes. Tudo se concentra em um único espaço e em um tempo contínuo, sem cortes. Isso estimula a leitura, porque o problema aparece logo, mas sua superação é protelada até a última página. E, nesta, inverte-se a perspectiva até então adotada, que, de individualista (cada um busca tomar conta da bota), torna-se coletiva (serve à família do gato) e favorável aos menores (com os quais se identificariam as crianças, que compartilham a situação de "filhotes").

O outro texto opta por um caminho narrativo distinto e ressente-se disso. Foi observado como o paralelismo – a ação repetindo-se e sendo suplementarmente reiterada pela ilustração – prejudica o andamento da narrativa. O conflito, por sua vez, não acontece antes da página 14, quando o livro já está na metade; e o desfecho não modifica a situação das personagens, de modo que, ao final, a história retorna ao início, sem que tenha acontecido qualquer evolução.

É quando a ação se mostra inoperante que se evidencia seu atrelamento aos objetivos didático-alfabetizadores do livro. Estes condicionam a feitura da obra, que vem a exemplificar o projeto expresso na quarta capa e efetivamente concretizado no texto:

- "as frases são curtas,"
- "as letras de tamanho grande,"
- "o texto [...] é todo desenvolvido a partir do mesmo repertório de sílabas."

Nota-se que, como descrição, essas frases reproduzidas aplicam-se aos dois livros analisados. Apenas poder-se-ia acrescentar que *A bota do bode* aproxima-se mais da tradição popular do trava-língua, levando a criança, de certo modo, a prestar atenção à leitura, sob pena de, trocando as letras, modificar o sentido das palavras. Mesmo assim, o objetivo didático, de insistir na necessidade de atenção quando da leitura, é suplantado pelo desejo de divertir a criança, que acha graça enquanto decodifica a obra, dado o efeito cômico previsto nas armadilhas lançadas pelas palavras, fonicamente aparentadas, bota-bode, bota-pata, galo-gato, gato-bota.

Se a descrição da quarta capa de *Cabe na mala* ajusta-se a ambos os livros, percebe-se que isso não lhes confere qualidade equivalente, nem suscita a leitura continuada e atenta. Na obra de Ana Maria Machado e Claudius, a técnica da repetição, destinada a fixar a apreensão das sílabas e das palavras, desvia o interesse pelo evento e desmobiliza a criança. Esta, embora já alfabetizada, pode não se sentir atraída por textos literários, perdendo-se assim a razão de ser de livros como os aqui analisados.

A ficção que tem na infância seu público principal e imediato pressupõe, como toda a arte ligada à palavra escrita, um indivíduo alfabetizado e disposto ao consumo assíduo de livros. Cabe à literatura infantil a implementação desse público e, por essa razão, ela multiplica-se em modalidades diversas, cada uma voltada à certa faixa etária ou maturidade de leitura. A literatura infantil adota natureza heterogênea, resultado da segmentação de seu público. Todavia, a diversidade não esconde uma base comum – cada pedaço do mosaico é pressuposto do outro, cada espécie de texto prepara para o seguinte, deflagrando a unidade que assegura a sobrevivência, mais imediatamente, do gênero, a longo prazo, da própria literatura como um todo e da leitura como atitude perante a realidade circundante.

No transcurso desse processo, cujas ligações internas acontecem por encadeamento, o livro destinado a crianças em fase de alfabetização ocupa lugar de destaque. A ele compete manter a corrente no ar, quando se dá a passagem do estágio de não leitor para o de leitor. O momento é delicado, e não são poucos os autores que se detiveram em explicá-lo, procurando chamar a atenção para a importância de se evitarem a ruptura e o choque entre a situação de não alfabetização e a de alfabetização plena. A interrupção pode ser traumática, com resultados que persistem por longo tempo e obstaculizam vários projetos: desde o de crescimento intelectual do indivíduo ao de desenvolvimento amplo das potencialidades tecnológicas e sociais de um país.

Também a literatura infantil vivencia a questão desde sua intimidade. De um lado, antes da alfabetização da criança, essa literatura conta com consumidores e não deseja perdê-los, pois o prejuízo seria intolerável. De outro, é obrigada a deixar-se regredir, relativamente aos processos literários que utiliza, ao simplificar a forma narrativa e a linguagem, tanto porque deseja adequar-se às possibilidades de decodificação por parte de seu leitor novato, como porque está consciente de que, caso se acomodar aos interesses da escola e do professor alfabetizador, alargará seu raio de alcance.

Todavia, o resultado pode sair ao contrário do desejado. O exame dos textos, procedido nas páginas anteriores, sugere que, sejam quais forem as metas assumidas pela literatura infantil endereçada a crianças alfabetizandas, seu compromisso fundamental é um só: com a qualidade literária da obra, enfatizando os aspectos ficcionais e sua tradução gráfica em livro. Sem isso, a narrativa não seduz o leitor, e sem o pacto original de leitura importa pouco o sucesso da metodologia escolhida para a alfabetização.

A literatura infantil engloba notável heterogeneidade de textos, em decorrência das mudanças por que passa seu destinatário. No entanto, não abdica da integridade, assegurada pela constante pesquisa de uma arte original e criadora. É esse resultado que cativa o leitor, independentemente de sua idade e condição, válido, portanto, também para aqueles textos que, como os examinados, têm aparentemente sua razão de ser no compromisso maior com o aparato escolar e a etapa correspondente à aprendizagem das primeiras letras.

dois**ponto**dois
O livro infantil e a formação de leitores em processo de alfabetização

Alfabetização e letramento

A inserção no mundo da escrita depende de dois fatores distintos: de um lado, de uma tecnologia, a **alfabetização**; de outro, do **letramento**, definido por Magda Soares como "o desenvolvimento de competências (habilidades, conhecimentos, atitudes) de uso efetivo dessa tecnologia em práticas sociais que envolvem a língua escrita".[3] A alfabetização supõe a "aquisição" do "conjunto de técnicas – procedimentos, habilidades – necessárias para a prática da leitura e da escrita", contando-se entre elas:

> As habilidades de codificação de fonemas em grafemas e de decodificação de grafemas em fonemas, isto é, o domínio do sistema de escrita (alfabético, ortográfico); as habilidades motoras de manipulação de instrumentos e equipamentos para que codificação e decodificação se realizem, isto é, a aquisição de modos de escrever e de modos de ler – aprendizagem de uma certa postura corporal adequada para escrever ou para ler; habilidades de uso de instrumentos de escrita (lápis, caneta, borracha, corretivo, régua, de equipamentos como máquina de escrever, computador...); habilidades de escrever ou ler seguindo a direção correta da escrita na página (de cima para baixo, da esquerda para a direita); habilidades de organização espacial do texto na página; habilidades de manipulação correta e adequada dos suportes em que se escreve e nos quais se lê – livro, revista, jornal, papel sob diferentes apresentações e tamanhos (folha de bloco, de almaço, caderno, cartaz, tela de computador...).

"Em síntese", afirma Magda Soares, "a alfabetização é o processo pelo qual se adquire o domínio de um código e das habilidades de utilizá-lo para ler e para escrever, ou seja: o domínio da

---

[3] SOARES, Magda. Letramento e escolarização. In: RIBEIRO, Vera Masagão (Org.). *Letramento no Brasil*. São Paulo: Global, 2003, p. 90.

tecnologia – do conjunto de técnicas – para exercer a arte e ciência da escrita." (p. 91).

O letramento ultrapassa a alfabetização, na medida em que corresponde ao "exercício efetivo e competente da tecnologia da escrita" (p. 91), o que implica também habilidades várias, entre as quais a de

> orientar-se pelos protocolos de leitura que marcam o texto ou de lançar mão desses protocolos, ao escrever; atitudes de inserção efetiva no mundo da escrita, tendo interesse e prazer em ler e escrever, sabendo utilizar a escrita para encontrar ou fornecer informações e conhecimentos, escrevendo ou lendo de forma diferenciada, sendo as circunstâncias, os objetivos, o interlocutor. (p. 92)

O letramento é um processo que se inicia antes mesmo de a criança aprender a ler, supondo a convivência com universo de sinais escritos e sendo precedido pelo domínio da oralidade. Outros fatores associam-se ao processo de letramento, já que a convivência com a escrita começa no âmbito da família e intensifica-se na escola, quando o mundo do livro é introduzido à infância.

A criança convive igualmente com outros universos associados à escrita e à linguagem verbal, apresentando-se como suas expressões a publicidade, os jornais, as revistas, a mídia, computadores e jogos eletrônicos (quando ela pertence às classes mais abastadas). Assim, se a alfabetização ocorre em um momento da existência de um indivíduo, quando ele aprende a codificar e decodificar fonemas em uma das etapas de seu processo de escolarização, o letramento está sempre presente, mostrando-se sob diferentes perspectivas, dentro e fora da sala de aula.

A criança fica exposta igualmente ao letramento literário, já que, desde pequena, é iniciada ao universo da fantasia, que lhe aparece por meio da escuta de histórias. Essas mostram-se sob diferentes formatos: contadas oralmente, lidas em voz alta por outras pessoas, vistas, quando se trata da audiência a programas de televisão, teatro infantil ou cinema. De todo modo, o conhecimento do mundo da ficção, vital para a apreciação de obras dirigidas à infância, dá-se mesmo quando o acesso ao livro é dificultado por razões econômicas, sociais ou culturais.

Letramento literário

A admissão ao mundo da literatura depende e ultrapassa a alfabetização e o letramento. Depende da alfabetização, enquanto envolve o domínio das técnicas de leitura e de escrita, e do letramento, na medida em que as práticas de leitura e escrita estão presentes em cada etapa da experiência do sujeito. Este, por outro lado, vivencia, a todo instante, o universo ficcional dominado pelo imaginário, haja vista os diferentes apelos à fantasia propiciados pelos meios de comunicação, sob suas distintas possibilidades de manifestação (verbal e visual). Contudo, o letramento literário se efetiva quando acontece o relacionamento entre um objeto material, o livro, e aquele universo ficcional, que se expressa por meio de gêneros específicos – a narrativa e a poesia, entre outros – a que o ser humano tem acesso graças à audição e à leitura.

Há livros, por sua vez, que se dirigem a crianças no período em que elas se alfabetizam. Avizinham-se às cartilhas, mas são obras artísticas, cabendo-lhes propiciar o letramento literário durante o período em que se dá a aprendizagem da escrita, de sua combinação e formação de palavras. Cabe examinar como os escritores se posicionam perante tal desafio, pois, se desejam colaborar para a formação do leitor, e sobretudo do leitor de literatura, precisam conferir qualidade estética ao produto oferecido, o que advém da presença do imaginário e da narratividade.

Erico Verissimo, sob o pseudônimo de Nanquinote, publicou *Meu ABC* em 1936, obra ilustrada por E. Zeuner (1895-1967). A cada letra do alfabeto destina-se uma página, acompanhada do desenho a cores, que colabora para o entendimento do texto:

ERICO VERISSIMO – MEU ABC[4]

---

[4] VERISSIMO, Erico. *Meu ABC*. Porto Alegre: Globo, 1936.

Dois aspectos podem ser destacados na figura reproduzida:

a. as letras são expostas sob suas formas gráficas diversas: manuscrita, impressa, maiúscula e minúscula;
b. o trecho compõe uma narrativa curta, em que predominam as orações coordenadas, de fácil acompanhamento; porém, ele prevê sua reprodução em voz alta por um adulto ou por uma criança que, já dotada de alguma fluência, decodifique fonemas, uma vez que vocábulos como *prefere* e *agradável* supõem emissor mais maduro; de todo modo, a ilustração reforça o entendimento do texto, amparando o leitor aprendiz.

Em 1937, Cecília Meireles (1901-1964) e Josué de Castro (1908-1973) publicam A festa das letras[5], obra ilustrada por João Fahrion (1898-1970). O livro mescla a cartilha ao ensino de "preceitos de higiene alimentar, indispensáveis à sua [do leitor] vida", conforme declaram os autores. Duas páginas na abertura do livro são dedicadas à primeira letra do alfabeto:

---

[5] MEIRELES, Cecília; CASTRO, Josué de. *A festa das letras*. Rio de Janeiro: Nova Fronteira, 1996.

> E os raminhos de Aipo que estão deste lado?
> E estas folhinhas verdes de Agrião?
>
> Quem é que ainda não sabia quem eu fosse?
> — Sou o A do Arroz-doce!
>
> Quem provou, gostou, nunca mais me deixa:
> — Sou o A da Ameixa!
>
> Não me puxe assim! Veja lá, não me mate!
> — Sou o A de Abacate!
>
> Eu já volto já,
> trazendo Araçá!
>
> Eu já volto aqui:
> vou buscar Abacaxi!

CECILIA MEIRELES E JOSUÉ DE CASTRO – A FESTA DAS LETRAS

    À narrativa, os autores preferem a poesia, recorrendo a estrofes paralelas e a versos rimados. A rima facilita a memorização e introduz o elemento lúdico, apoiado pela ilustração, que faz com que o grafema A seja representado por um palhaço.

Outro poeta, Mario Quintana, é autor de *O batalhão das letras*, de 1946, cuja primeira edição foi desenhada por Edgar Koetz (1913-1969). A página de abertura, ilustrada por Eva Furnari (1948) na versão mais recente do livro, apresenta o tema por intermédio de um quarteto, em que à rima e à metrificação são atribuídas as tarefas de facilitar a memorização do texto e das letras iniciais e finais do alfabeto:

> Aqui vão todas as letras,
> Desde o A até o Z,
> Pra você fazer com elas
> O que esperam de você...

MARIO QUINTANA – O BATALHÃO DAS LETRAS[6]

---

[6] QUINTANA, Mario. *O batalhão das letras*. Porto Alegre: Globo, 1946.

Quando a letra A é introduzida, a rima e o tema procuram estabelecer um ambiente lúdico, sendo o imaginário acionado pela associação entre o formato da letra e a posição do cavaleiro:

> Aí vem o Batalhão das Letras
> E, na frente, a comandá-lo,
> O A, de pernas abertas,
> Montado no seu cavalo.

MARIO QUINTANA – O BATALHÃO DAS LETRAS

Em 2003, Ziraldo (1932) reuniu em um único volume os livros que compunham, desde 1992, a *Coleção ABZ*. A criação do escritor, que passa a se chamar o *O ABZ do Ziraldo*, é arrojada desde o título, ao substituir o convencional ABC por ABZ, que importa para o primeiro plano, e envolvida por carinhosas mãos, a derradeira letra do alfabeto, o Z, coincidentemente a que começa o nome do autor.

A obra enceta com uma apresentação, em que Ziraldo recapitula a origem do livro, lançado primeiramente em exemplares separados, cada um destinado a um grafema distinto. Comenta que "muita gente acreditou, pelas letras nas capas, que se tratava de livrinhos para alfabetização. Não eram. Eu estava querendo era fazer literatura para crianças. Literatura, mesmo." Em decorrência da natureza literária da obra, ele convoca o leitor "a ir lendo tudo, como se fosse um *romance* só. Aliás, é. Cheio de personagens!"[7] Prova da realização desse propósito é a primeira narrativa, "A história do A", principiada pela locução "era uma vez", recurso que joga o leitor imediatamente para o mundo da ficção e da inventividade:

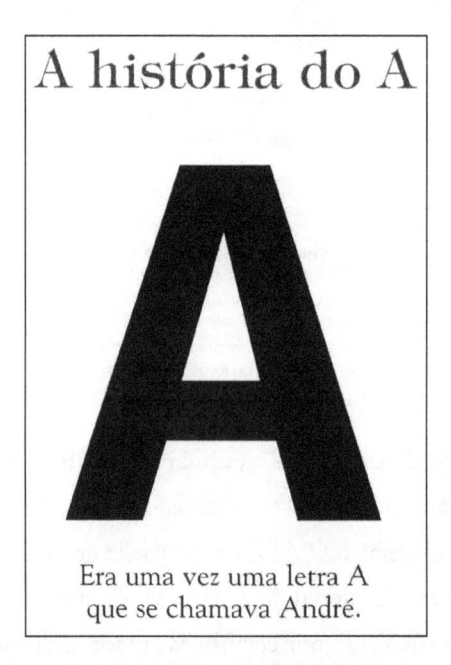

> A história do A
>
> **A**
>
> Era uma vez uma letra A que se chamava André.

---

[7] ZIRALDO. *O ABZ do Ziraldo*. São Paulo: Melhoramentos, 2003. Grifo do original.

Na sequência, aparece o narrador, que dá a conhecer a personagem e nomeia-a. Na condição de ser fictício, ela vive acontecimentos, liderando uma ação que tem início, meio e fim, como é próprio de uma narrativa. A designação se justifica, pois, conforme se escreve ali, "até as pedras têm nome"; só que a primeira letra, A, é especial, ao inaugurar a história dos homens e das palavras, como demonstra a denominação de Adão, herói do Livro da Criação e ser concebido por Deus:

Ele podia chamar-se
Antônio, Alex, Alexandre,
Alessandro, Alberto, Alfredo,
Artur ou mesmo Amauri,
Arnaldo, Abílio ou Ari,
Abel, Aurélio ou... Vicente,
pois letra também tem nome.
Como bicho, coisa ou gente.
Só para dar um exemplo:
até as pedras têm nome.
Seja lastro, seja lapa,
seja lápide, seja lousa,
laje, lajeola, lajota,
laja, lajeira, lajeiro,
lajem, lájea ou lajeado,
pedras ganham nome próprio
no dia do batizado.

(Aliás, há uma pedra
– um penedo, uma falésia,
um rochedo ou uma escarpa –
que, um dia, o Criador
colocou no sul da Europa
como uma cunha ou um calço
para – nas costas da África –
a Europa não desabar;
e disse: "Pedro, essa pedra
vai se chamar Gibraltar".)

Se no mundo é tudo assim
não há motivo nenhum
para os AA não terem nome.
Têm. Justo no começo
do Livro da Criação
tem um que se chama Adão.

ZIRALDO – O ABZ DO ZIRALDO

A história de André ocupa várias páginas, pois se registra minuciosamente sua trajetória existencial, da infância à idade adulta. A ilustração sedimenta a passagem do tempo e o amadurecimento da personagem ao alterar a aparência da letra: o André criança aparece sob o formato da minúscula, enquanto que o André jovem e aventureiro coincide com um foguete. Quando André retorna à origem, adulto, magro e compenetrado, é a maiúscula que o representa.

A história de André, exemplificando o teor de O ABZ do Ziraldo, revela-se criativa do princípio ao final, aliando texto e ilustração de modo inovador e instigante. Realiza, pois, o objetivo das obras que, apoiando-se no modelo das cartilhas, estimulam a imaginação e colaboram decisivamente para o letramento literário das crianças que começam a frequentar a escola e a serem alfabetizadas.

dois**ponto**três
O conto de fadas na sala de aula

Felizes com o nascimento de sua filha, um casal resolve promover uma grande festa de batizado. Convida todos os seus conhecidos, mas esquece um deles, que, com grande indignação, aparece em meio às comemorações e amaldiçoa a menina recém-nascida: quando atingir 15 anos, ela morrerá. Um dos convidados, que chegara atrasado, consegue reverter a maldição, atenuando seus efeitos: a garota não morrerá, mas adormecerá por longo tempo, até ser despertada por seu salvador. O tempo passa, a profecia se cumpre: a jovem cai em sono profundo, quando completa 15 anos, permanecendo nesse estado, até ser libertada pelo rapaz que será, mais adiante, seu marido.

A história, resumida assim, é bastante conhecida desde, pelo menos, o século XVII, popularizando-se sobretudo depois do século XIX, identificada pelo nome adotado por sua personagem principal, *A Bela Adormecida no Bosque*. Considerado um conto de fadas clássico, apresenta os elementos básicos desse gênero de ficção, podendo ajudar a compreendê-lo. Vejam-se seus traços mais constantes:

a. O começo mostra uma situação não muito diversa da vida ordinária das pessoas, como é, na história em questão, a comemoração do nascimento da criança. Nesse contexto relativamente comum, irrompe um fato extraordinário, fruto da ação de uma personagem dotada de poderes mágicos.

b. A presença dessa personagem não provoca nenhum estranhamento; nem sua ação é percebida como incomum; a magia está presente no universo das figuras ficcionais como se fosse natural, embora nem sempre desejada. O que espanta, no caso, não é a circunstância de uma figura deter um poder sobrenatural, mas a extensão da maldade cometida por ela, pois deseja a morte da criança inocente.

c. Portanto, os seres munidos de poderes mágicos podem ser bons ou maus, devendo-se à diferença ao modo como se comportam perante o protagonista da história. Em *A Bela Adormecida*, a fada má é aquela que ambiciona prejudicar a heroína, enquanto que a fada boa pode socorrê-la.

d. Há, pois, uma nítida divisão entre bons e maus, que se complementa na denominação seguidamente diferenciada que recebem. Em *A Bela Adormecida*, são fadas que protagonizam tanto as ações positivas, quanto as negativas; estas últimas, porém, podem resultar de seres também bastante conhecidos, nomeados de maneira mais específica, como as bruxas ou feiticeiras.

e. Às vezes, porém, outras figuras podem desempenhar o papel do malvado, como um animal selvagem (o lobo, em *Chapeuzinho Vermelho*) ou um gigante (em *O Gato de Botas*). De todo modo, predominam seres pertencentes ao sexo feminino, mas nem todas estão capacitadas a performar ações mágicas; é o caso de algumas madrastas, como a de Cinderela, heroína de *A Gata Borralheira*.

f. Na história da Bela Adormecida, as personagens principais pertencem aos segmentos superiores da sociedade: a jovem é filha de um rei, e seu salvador, um príncipe. Nem sempre é assim, porém: a Chapeuzinho Vermelho leva uma existência modesta na companhia de sua mãe; João e Maria são crianças bastante pobres, situação compartilhada por Cinderela, até a garota encontrar seu príncipe encantado. De todo modo, as personagens melhoram de situação: libertam-se dos perigos, como ocorre à Branca de Neve, perseguida pela madrasta; enriquecem, como sucede aos irmãos João e Maria; ou fazem um bom casamento, como Cinderela. O progresso experimentado pela personagem principal deve-se a seus méritos – a beleza da Branca de Neve, a coragem de João e Maria, a humildade de Cinderela – mas, com poucas exceções, o fator que garante a mudança para melhor é a ajuda oferecida por aquela personagem citada desde o começo, a que detém poderes mágicos e sobrenaturais.

No conto de fadas, a magia desempenha um papel fundamental, estando sua presença associada a uma personagem que dificilmente ocupa o lugar principal. Eis uma característica decisiva desse tipo de história: o herói sofre o antagonismo de seres mais fortes que ele, carecendo do auxílio de uma figura que usufrui algum poder, de natureza extraordinária. Para fazer jus a essa ajuda, porém, o herói precisa mostrar alguma virtude positiva, que é, seguidamente, de ordem moral, não de ordem física ou sobrenatural.

A presença da magia como um elemento capaz de modificar os acontecimentos é o que distingue o conto de fadas. Esse elemento, porém, raramente é manipulado pelo herói, mas por seu auxiliar ou por seu antagonista, pois a personagem principal, aquela que dá nome à narrativa (Branca de Neve, Bela Adormecida, Cinderela, João e Maria), é pessoa desprovida de qualquer poder. Por essa razão, o leitor pode se identificar com ela, vivenciando, a seu lado, os perigos por que passa e almejando uma solução para os problemas.

É possível, pois, entender o que significa a magia nos contos fantásticos: é a forma assumida pela fantasia, de que somos dotados e que nos ajuda a resolver problemas. Não significa que a fantasia está presente apenas nos contos de fadas. Como depende dela a criação de histórias e de personagens para protagonizá-las, a fantasia manifesta-se em todos os gêneros de narrativa, sejam os populares, como mitos e lendas, sejam os literários, como epopeias clássicas e romances modernos. Pode aparecer igualmente em outras expressões artísticas, como em filmes e peças de teatro, em histórias em quadrinhos, novelas de televisão ou enredos de jogos eletrônicos. Acontece que, nos contos de fadas, os seres da fantasia adotaram uma aparência facilmente reconhecível: os medos corporificaram-se em bruxas, madrastas ou gigantes, e a vontade de superá-los, em benfeitores amáveis e solidários, as fadas, que colaboram sempre, sem fazerem perguntas, nem cobrarem um preço.

Por essa razão, os contos de fadas foram bem acolhidos quando adaptados para o público infantil. Elaborados originalmente pelos camponeses do centro da Europa, foram recolhidos pelos irmãos Jacob (1785-1863) e Wilhem (1786-1859) Grimm e editados para a leitura das crianças, obtendo tanto sucesso que se tornaram o modelo seguido pelos escritores que desejaram se comunicar com o mesmo público. O mais conhecido e mais bem-sucedido foi o dinamarquês Hans-Christian Andersen (1805-1875), que soube extrair a lição contida naquelas histórias tradicionais, tratando, por sua vez, de aperfeiçoá-las.

Andersen sabia que o ingrediente principal das histórias era a magia, elemento indispensável, sem o que a narrativa perderia interesse. Porém, evitou atribuí-la a uma personagem secundária, o auxiliar mágico responsável, no conto de fadas tradicional, pela segurança do herói e pelo sucesso de suas ações. Por isso, colocou a magia na interioridade do protagonista, tornando-a um ser fantástico, mas, mesmo assim, problemático. É o caso de sua criação mais conhecida, o Patinho Feio. Porque possui propriedades humanas – fala, tem sentimentos, sofre com a rejeição –, ele mostra-se mágico, isto é, incomum; além disso, experimenta uma metamorfose, passando do estado de "pato" (feio e inadequado) para o de "cisne" (belo e atraente).

Contudo, sua vida é marcada pela mesma fragilidade vivida pelos figurantes do conto de fadas; e, como eles, sai em busca da autoafirmação para poder descobrir seu lugar no mundo.

A expressão da fragilidade do ser humano encontra sua melhor expressão nas narrativas de Andersen, que a corporificou em seres especiais como a pequena sereia e no soldadinho de chumbo, apaixonados ambos por figuras inacessíveis, distância que se amplia à medida que a narrativa se desenvolve. Andersen deu novo alcance à fantasia, indicando que, às vezes, bastam a imaginação e a criatividade para encontrarmos uma saída para nossas dificuldades.

Graças a Hans-Christian Andersen, o conto de fadas encontrou a rota da renovação permanente, deixando de depender do aproveitamento de histórias provenientes da cultura popular. Para tanto, foi preciso proceder a uma alteração, fazendo desaparecer, como se observou, o auxiliar dotado de poderes sobrenaturais.

O resultado foi uma espécie de cirurgia, segundo a qual a fantasia permaneceu, mas não precisa mais depender do exercício de propriedades mágicas por parte de uma personagem não tão importante como o protagonista, mas, ainda assim, essencial para o andamento da intriga, como eram fadas, bruxas, gigantes, anões, enfim, toda uma série de figuras de existência unicamente imaginária. O efeito dessa alteração foi a separação entre dois mundos: em um deles, reina a fantasia; no outro, ela está ausente.

É o que se verifica nas narrativas criadas a partir do legado de Andersen, de que são exemplos as obras de, pelo menos, três grandes escritores, dois dos quais nem pensavam estar redigindo preliminarmente para o público infantil: Lewis Carroll (1832-1898), em *Alice no País das Maravilhas* (1865); James M. Barrie (1860-1937), em

Peter Pan (1904); Monteiro Lobato (1882-1948), no ciclo do *Picapau Amarelo*. Em qualquer livro desses autores, mostram-se dois mundos bem distintos: aquele em que a personagem, via de regra uma criança, situa-se, no início do relato, em um ambiente rotineiro e sem graça, dominado por adultos acomodados ao cotidiano do trabalho e da família. Tal como ocorre no conto de fadas original, uma ruptura ocorre, facultando a irrupção do extraordinário: Alice persegue o coelho e chega ao País das Maravilhas (*Wonderland*); Wendy e seus irmãos, liderados por Peter Pan, alcançam a Terra do Nunca (*Neverland*); Pedrinho vem da cidade para as terras de Dona Benta, onde encontra a boneca falante Emília e todos os seres fabulosos que habitam o sítio do Picapau Amarelo. Só que as duas realidades – a dominada pela fantasia, de um lado, e a rotineira, de outro – não mais se comunicam, mantendo-se doravante separadas.

Eis o conto de fadas moderno, de que é exemplo a saga de Harry Potter (1997-2007), imaginada por J. K. Rowling (1965): também o jovem feiticeiro vive o contraponto entre dois mundos, sendo o da fantasia mais atraente, ainda que mais perigoso. Nesse plano sobrenatural, porém, ele pode se revelar herói, defender valores positivos, vivenciar a amizade e o amor. A fantasia não apenas ajuda a solucionar problemas, ela é superior ao contexto cinzento da rotina e da experiência doméstica.

Este último é, porém, o mundo do leitor, seja ele adulto ou criança. É a leitura do conto de fadas tradicional ou das narrativas criadas por Andersen, Lewis Carroll, James M. Barrie, Monteiro Lobato, J. K. Rowling, que o conduz a outros universos, mais apetecíveis. Por isso, é preciso nunca abandoná-lo, em casa ou na sala de aula. Os professores podem ajudar as crianças não apenas a apreciá-los, mas fazê-los entender por que apreciam tanto os heróis que, valendo-se de sua fantasia e imaginação, sabem resolver seus problemas e, ainda por cima, colaborar para a felicidade dos outros.

Aliás, há muito a fazer em sala de aula, até porque algumas histórias são muito difundidas. Pode-se, por exemplo, rever a história da Bela Adormecida, apresentada no começo, excluindo a interferência de um dos auxiliares mágicos (ou introduzindo outros, extraídos de narrativas similares). Ou então pensar o que teria acontecido ao patinho feio se ele tivesse se conformado, permanecendo com uma família que o rejeitava. Pode-se, enfim, descobrir outros países das maravilhas encravados em nosso cotidiano.

No conto de fadas, a imaginação é o limite nunca ultrapassado. Em sala de aula, pode colaborar na condução do gosto pela leitura, que levará certamente à abertura de novos horizontes fantásticos.

dois**ponto**quatro
Sensibilização para a leitura

A leitura da literatura infantil brasileira

No Brasil do século XIX, os pais não eram obrigados a colocar os filhos na escola. Podia-se aprender a ler e a escrever em casa, com a ajuda de um instrutor particular; ou então permanecer iletrado, como ocorria às pessoas sem recursos para pagar um professor. Não surpreende que não houvesse uma literatura destinada especificamente à infância: com poucos leitores capacitados, e ausente o interesse público em educar as crianças, inexistiam produtos específicos dirigidos a elas.

Por volta de 1880, a situação começa a se modificar por força do encorpamento da classe média, residente sobretudo no Rio de Janeiro, que requer melhor aparelhamento da vida urbana. Saúde, transportes e educação constam da pauta de exigências desse grupo social, agora fortalecido. Acompanha o progresso do ensino a publicação de obras destinadas à infância, como as que Carl Jansen (1829-1889) traduz para o novo contingente de leitores. Os últimos anos do século XIX testemunham iniciativas mais consistentes e continuadas, como a da Livraria Quaresma, que contrata Figueiredo Pimentel para organizar coletâneas dirigidas às crianças. O sucesso dos *Contos da Carochinha* motiva a oferta de novos títulos, muitos produzidos por nomes festejados da época, como Olavo Bilac e Coelho Neto, autores de *Contos pátrios* e *Teatro infantil*.

Contudo, até 1921, os livros para crianças não passavam, na maioria das vezes, de coletâneas de histórias diversas ou de traduções de textos publicados originalmente na Europa. O processo de nacionalização da literatura infantil dependeu de Monteiro Lobato entrar em cena, o que aconteceu com o lançamento de *A menina do narizinho arrebatado*, obra posteriormente ampliada e denominada *Reinações de Narizinho*.

Lobato tem todos os méritos do grande escritor: suas personagens são criativas e desafiadoras; as histórias são atraentes, ao narrarem aventuras inusitadas; o espaço, sintetizado pelo Sítio do Picapau Amarelo, é inteiramente brasileiro, podendo ser reconhecido pelo leitor, que se identifica com as ações, as figuras ficcionais e os temas. Estes são frequentemente polêmicos, obrigando o leitor a tomar posição e a se envolver com os fatos relatados.

Por ter sido tão bem-sucedido, Monteiro Lobato tornou-se modelo para os escritores de seu tempo, como Graciliano Ramos (1892-1953) e Erico Verissimo, que igualmente se dedicaram à produção de obras para a infância. Mas Lobato representou também um paradigma para as gerações seguintes, que se formaram lendo o criador de Narizinho, Pedrinho e Emília. Não espanta, pois, que o segundo grande período da literatura infantil brasileira, que inicia por volta de 1975, revele autores que procuram seguir, e ao mesmo tempo inovar, a tradição estabelecida pelos habitantes do Sítio do Picapau Amarelo.

Herdeiras de Lobato são escritoras do porte de Lygia Bojunga Nunes (1932), Ana Maria Machado, Ruth Rocha (1931) e Fernanda Lopes de Almeida (1927), por exemplo. Em suas narrativas, encontram-se personagens rebeldes e criativas, a discussão de questões atuais e – o mais importante – a presença do humor e o desejo de mudar. Em decorrência, renovaram a ficção dirigida à infância e tornaram-se, elas também, modelares, constituindo padrões de escrita acompanhados por João Carlos Marinho (1935), Ziraldo, Ricardo Azevedo (1949), Angela Lago (1945), Mirna Pinsky (1943), Luciana Sandroni (1962), para citar alguns dos grandes nomes da literatura infantil brasileira de hoje.

Em pouco mais de 100 anos, a literatura infantil brasileira deu enorme salto: a ausência de títulos foi substituída pela oferta variada de obras, correspondendo aos diferentes gêneros literários (narrativas, poesia, teatro, informativo etc.). Por sua vez, a qualidade acompanhou a quantidade graças a personagens representativas da infância, ao bom humor dos textos, à discussão dos temas atuais. Mais importante é o fato de as obras dos autores brasileiros corresponderem às necessidades de leitura do público infantil.

Que a leitura é importante, todos sabemos: a leitura ajuda o indivíduo a se posicionar no mundo, a compreender a si mesmo e à sua circunstância, a ter suas próprias ideias. Mas a leitura da literatura é ainda mais importante: ela colabora para o fortalecimento do imaginário de uma pessoa, e é com a imaginação que solucionamos problemas. Com efeito, resolvem-se dificuldades quando recorremos à criatividade, que, aliada à inteligência, oferece alternativas de ação.

Se, por sua vez, a criança se tornar leitora graças à leitura de obras nacionais, ela será estimulada a desenvolver um imaginário brasileiro, povoado de situações próprias à sua cultura e à sua sociedade. A literatura infantil brasileira tem plenas condições de responder a essas necessidades, razão por que pode ser consumida e valorizada pelos pequenos e futuros grandes leitores.

Livros e leitura entre professores e alunos

As pessoas aprendem a ler antes de serem alfabetizadas. Desde pequenos, somos conduzidos a entender um mundo que se transmite por meio de letras e imagens. Mesmo as crianças que residem longe dos grandes centros urbanos ou são muito pobres, não dispondo, pois, de livros e impressos, conhecem o significado de certas siglas e sabem identificar as figuras e os nomes de personagens, divulgados por meio da propaganda audiovisual, da televisão, das histórias ouvidas e reproduzidas.

O universo da leitura envolve o ser humano por todos os lados, estimulando a aprendizagem, tarefa delegada à escola, por ocasião da alfabetização, nos primeiros anos da educação fundamental. Nem sempre os resultados são positivos, e muitas crianças acabam por ficar excluídas do mundo das letras, aquele mesmo que as rodeia e que gostariam de decifrar com habilidade e fluência.

A literatura infantil pode ajudar o professor a alcançar um resultado melhor, colaborando para o sucesso de seu trabalho. Os livros para crianças despertam o gosto pela leitura, não têm propósito pedagógico e ainda divertem. Os alunos certamente apreciarão acompanhar, nas obras, as aventuras de personagens parecidas com eles, ação que os levará a buscar mais livros, solidificando sua competência de leitura.

A primeira medida a ser tomada pelo professor é, portanto, colocar os livros ao alcance dos alunos em sala de aula. A proximidade entre o leitor e o texto, na forma de livro, motiva o interesse e induz a leitura, mesmo no caso de pessoas que ainda não foram alfabetizadas. Por isso, publicações destinadas a elas apresentam muitas ilustrações, pois a imagem captura a atenção do leitor e, por estar acoplada à escrita, suscita o interesse por seu entendimento.

Se esse princípio é válido para todos os leitores, é ainda mais decisivo no caso das crianças, cuja curiosidade é grande, estando sua atenção fortemente voltada para o visual. A atração do livro impresso, com suas figuras e texto, incita o leitor, e esse entrega-se à sedução da obra.

Várias publicações de autores brasileiros, destinadas ao leitor aprendiz, podem colaborar com o professor, como é caso da *Coleção gato e rato*, de Mary e Eliardo França, dirigida a crianças em período da alfabetização. Em um dos volumes, *A bota do bode*, conta-se o que sucedeu ao bode, que encontrou uma bota e inicialmente não sabe o que fazer, até achar uma saída para a situação inusitada. O vocabulário escolhido é tão compreensível quanto legível, formado, na maior parte, por dissílabos e paroxítonas, em que cada sílaba contém apenas uma consoante e uma vogal. Portanto, o relato pode ser entendido por qualquer leitor, mesmo o que começa a decifrar a escrita. Requerendo um mínimo de desenvoltura, *A bota do bode* lida com uma história em que um problema aparentemente sem solução instiga a continuidade da leitura e chega a um final engraçado. As ilustrações reforçam o interesse do leitor, pois o dilema da personagem, diante do objeto imprevisto, expressa-se pela imagem, reforçando as possibilidades de decodificação da escrita.

A bota do bode, a exemplo das outras obras que compõem a *Coleção gato e rato*, é adequada a um leitor que se inicia nos livros. Podem ser as crianças que frequentam as primeiras séries do ensino básico, porque é nessa etapa que se prevê a alfabetização dos alunos. Porém, há estudantes que, com mais idade e, portanto, mais acostumados à circulação de textos, ainda não dominam a leitura com a familiaridade desejada. Também nesse caso é apropriada a indicação de obras como as de Mary e Eliardo França, porque as narrativas são divertidas, conduzindo a atenção do leitor até o final.

O leitor iniciante não tem idade; e cada fase de sua vida é um bom momento para levá-lo a gostar de livros de ficção, pois as histórias estimulam seu imaginário, fortalecem sua identidade, ajudam-no a pensar melhor e a resolver problemas. Com o passar do tempo e o aumento da bagagem de livros e de experiência, os leitores ficam mais exigentes, solicitando mais e melhores livros.

Para tomar a segunda medida, o professor precisa ficar atento à destreza e ao interesse de leitura por parte dos alunos. Ele será compreensivo com o estudante que apresenta dificuldades para acompanhar o texto, apoiando-o com a indicação de produtos ao mesmo tempo bons e fáceis de entender. *Se as coisas fossem mães*, de Sylvia Orthof (1932-1997), é uma dessas obras que estimula a imaginação da criança, e também sua inteligência, sem apresentar dificuldades de interpretação. A ideia original é muito criativa, partindo da noção de que, se os seres animados têm mães, é de se cogitar que o mesmo ocorra com os inanimados ou mágicos, como sereias, bruxas e fadas. Esse é o jogo proposto pelo livro, que não se encerra quando chega às últimas linhas, pois o leitor pode dar continuidade à proposta de conjeturar o que ocorreria "se as coisas fossem mães".

Com estudantes que requerem textos mais longos e narrativas mais complexas, o professor pode escolher entre gêneros diversos. Os contos de fadas atraem o interesse de muitos, já introduzidos, por exemplo, a *Branca de Neve*, *Chapeuzinho Vermelho* e *Cinderela*, quando pais, tios, irmãos, avós ou outros lhes narram as aventuras dessas personagens. Histórias em quadrinhos, filmes, desenhos na televisão, entre outras formas de difusão de relatos folclóricos, reforçam a popularidade daqueles heróis. Assim, a sala de aula pode ser um bom lugar para retomar esse conhecimento e, sobretudo, ampliá-lo, pois há livros que, recorrendo ao conto de fadas, propõem alternativas inovadoras para figuras tradicionais.

Em *A fada que tinha ideias*, Fernanda Lopes de Almeida cria a personagem Clara Luz, que, insatisfeita com o papel convencional usualmente atribuído a seres como ela, permanentemente inventa novidades. No começo da história, a pequena fada é advertida pelos adultos, que julgam inadequado seu comportamento; na sequência, porém, ela demonstra que suas atitudes são válidas para si mesma e para todo o grupo, vindo a representar a vontade de as crianças serem respeitadas pelos mais velhos.

Nos contos tradicionais, a fada é a personagem boa, enquanto a bruxa é má, prejudicando os demais. *A bruxinha atrapalhada* desmente esse padrão, pois a protagonista das histórias curtas de Eva Furnari suscita a simpatia do leitor, que experimenta com ela as dificuldades de afirmação no mundo adulto. Por sua vez, em *O fantástico mistério de Feiurinha*, Pedro Bandeira (1942) contraria outro estereótipo do conto de fadas clássico: o da jovem que, por ser bela, seduz o príncipe encantado. No livro, a personagem principal é a menina feia, de que depende o mundo das fadas para não desaparecer, levando com ele o imaginário representado pela infância.

Nos livros de Fernanda Lopes de Almeida, Eva Furnari e Pedro Bandeira, o leitor acostumado ao conto de fadas, que conheceu por ouvir, ler ou ver, passa por um questionamento que o torna mais crítico e exigente. O professor, paciente e compreensivo com o leitor vagaroso, estimula agora o estudante que pede mais livros, ajudando-o a não se conformar com o convencional e o consagrado.

Quando o aluno chega a esse ponto, o professor converte-se em seu companheiro de leituras, dispondo de um cardápio de obras em que se mesclam a aventura, o amadurecimento interior e a observação do contorno social. Narrativas de aventuras aparecem nas obras de Monteiro Lobato, por exemplo, ou nos romances policiais de João Carlos Marinho, de que *O gênio do crime* é um exemplo.

Lygia Bojunga Nunes, em *A bolsa amarela*, oportuniza ao adolescente adentrar-se na sua intimidade, onde se alojam desejos insatisfeitos e aspirações, que ele terá de expressar, para se satisfazer consigo mesmo. *Bisa Bia, bisa Bel*, de Ana Maria Machado, colabora para a criança entender o passado de sua família e consolidar sua identidade pessoal, que é também étnica e social, como revelam *Do outro lado tem segredos* e *Raul da ferrugem azul*, da mesma autora.

 O estudante pertence a uma época e a uma sociedade, que, traduzidas pelas obras de ficção, podem levá-lo a tomar uma posição perante problemas como a desigualdade econômica, o racismo ou a opressão. *Coisas de menino*, de Eliane Ganem (1947), e *Os meninos da Rua da Praia*, de Sérgio Capparelli (1947), expõem as diferenças entre ricos e pobres, enquanto *Nó na garganta*, de Mirna Pinsky, afirma que a cor da pele não é justificativa para valorizar ou diminuir as pessoas. *A droga da obediência*, de Pedro Bandeira, e *A casa da madrinha*, de Lygia Bojunga Nunes, por sua vez, mostram ser preciso lutar pela liberdade quando os poderosos procuram sufocar o crescimento intelectual dos indivíduos.

 Professores e alunos não ficarão indiferentes à proposta de livros como os enumerados antes. Aprenderão juntos que a literatura, dirigida ou não para as crianças, lhes proporciona grande variedade de diversão e sabedoria, aprofundando as relações humanas na escola e sua participação na sociedade. As atividades a seguir, que lidam com narrativas, poemas e peças de teatro, obras, todas, consagradas e pertencentes ao acervo literário nacional, buscam concretizar essa característica da literatura, quando lida por pequenos e adultos.

Sete obras & algumas atividades

1. *Viagens de Gulliver*, adaptada por Carlos Jansen, e *Contos da Carochinha*, de Figueiredo Pimentel

Quando Carlos Jansen decidiu traduzir livros para nossas crianças brasileiras, escolheu obras bem-sucedidas na Europa, de onde emigrara para o Brasil por volta de 1850. *Viagens de Gulliver*, de Jonathan Swift, foi uma dessas obras destinada originalmente ao público adulto do começo do século XVIII, mais tarde, adaptada para a infância.

O romance de Swift, crítico virulento e azedo da sociedade de seu tempo, agradou tanto a infância que acabou deixando a versão original para trás, porque:

a. A viagem é um dos temas que mais agrada ouvintes e leitores de histórias. Walter Benjamin (1892-1940) já chamou a atenção para o fato de que as pessoas apreciam muito ouvir o relato dos viajantes que vieram de longe e contam aventuras vividas em outros lugares.[8] A *Odisseia*, de Homero (século VIII a.C.), produzida há quase três mil anos, usa esse artifício, ao colocar o herói, Ulisses, a percorrer terras desconhecidas e fantásticas, apresentadas depois a um interessado auditório.

---

[8] BENJAMIN, Walter. O narrador. Considerações sobre a obra de Nikolai Leskov. In: ____. *Magia e técnica, arte e política*. Trad. Sérgio Paulo Rouanet. São Paulo: Brasiliense, 1985. (Obras escolhidas, v. 1).

b. Gulliver, a cada viagem, precisa adaptar-se aos costumes das civilizações que encontra. Em Liliput, é grande demais, e seu gigantismo é considerado ameaçador; em Broddingnog, é muito pequeno, o que o deixa inseguro. Pode-se perceber como Gulliver sintetiza a situação da criança na família e na sociedade, pois, dependendo da circunstância, ela pode ser considerada suficientemente crescida para atuar de maneira responsável; ou então, muito frágil e imatura, sendo então impedida de tomar decisões próprias ou agir de modo independente.

A leitura de *Viagens de Gulliver* possibilita atividades que partem das qualidades do livro:

a. O leitor pode inspirar-se na ação de Jonathan Swift/Carl Jansen, criando uma personagem que, como Gulliver, relata viagens extraordinárias e provoca o interesse dos colegas. O estudante pode narrar uma aventura acontecida com ele mesmo, mas é importante que o enredo contenha elementos fantásticos (e inventados) que impressionem a audiência.
b. O leitor pode igualmente identificar-se com Gulliver, contando em que circunstâncias se sentiu apequenado pelos outros, como acontece ao protagonista na segunda viagem. Ou o contrário: quando passou por uma situação em que teve de ser o "gigante", resolvendo problemas dos que se sentiam limitados demais para enfrentá-los.

A primeira atividade pode supor inicialmente a produção escrita, mas se recomenda que os alunos leiam as narrativas para os colegas. A segunda atividade é preferentemente oral, pois a exposição dos estudantes ajuda cada um a entender a situação de Gulliver e a estabelecer as relações com sua própria experiência.

Figueiredo Pimentel também precisou recorrer a um acervo já existente para organizar os *Contos da Carochinha*. Valeu-se das histórias até então narradas oralmente pelos adultos às crianças, muitas delas já publicadas nos *Contos populares do Brasil*, coletânea recolhida por Sílvio Romero (1851-1914).

A fonte utilizada por Pimentel indica sua origem: a tradição popular brasileira, acumulada desde a colonização portuguesa; mas ele serve-se também das histórias reunidas pelos irmãos Grimm, como *João e Maria* ou *A Bela Adormecida*, já então bastante conhecidas entre nós. O título do livro, por sua vez, mostra que se trata de narrativas curtas, que supõem uma atividade de leitura não muito prolongada.

O êxito de Pimentel deve-se primeiramente a estes dois fatores: a extração popular e oral dos contos; e o fato de as histórias serem breves, apresentando de modo sintético o conflito central e sua solução, alcançada graças à ação bem-sucedida das personagens. Estas são ou assemelham-se a crianças, facilitando a identificação do leitor com os protagonistas, essencial para a continuidade da leitura.

As atividades decorrem das características da obra e relacionam-se sobretudo ao aproveitamento da cultura oral, bastante rica, mas nem sempre suficientemente valorizada. Os alunos podem colaborar para seu fortalecimento e, ao mesmo tempo, entender a importância do trabalho de Figueiredo Pimentel:

a. Contando, para seus colegas, histórias que ouviram seus pais narrarem, reproduzindo-as, depois, por escrito.
b. Pesquisando, junto aos mais idosos da família ou da comunidade, histórias que aqueles ouviram em sua infância, elaboradas depois por escrito. Cada aluno ficaria encarregado do registro de uma narrativa, que, reunida às demais, formaria uma coletânea, assinada pela turma.

O projeto *Carochinha na Escola* levaria os alunos a conhecer a tradição oral de seu grupo social, étnico e familiar, ao mesmo tempo contribuindo para a preservação do patrimônio popular brasileiro.

2. *Reinações de Narizinho*, de Monteiro Lobato

Em 1920, Monteiro Lobato publicou *A menina do narizinho arrebitado*, destinada ao público infantil. O escritor era então bastante conhecido, pois, em 1918, lançara o bem-sucedido *Urupês*. O fato de ter prestígio no meio literário colaborou para a divulgação de *Narizinho arrebitado*; ajudou também a circunstância de o Governo de São Paulo distribuir o livro nas escolas do Estado. Contudo, o mais importante decorreu da criatividade de Lobato: ele introduziu personagens brasileiras em sua narrativa, fez as crianças protagonizarem as principais ações, valeu-se do humor e da fantasia, apostou na inteligência do leitor.

No decorrer da década de 1920, Lobato escreveu outras histórias com as personagens de *Narizinho arrebitado*, reunidas, em 1931, em um único volume, intitulado *Reinações de Narizinho*. Quem lê o livro inteiro percebe que ele é composto de partes independentes, que não precisam ser acompanhadas na ordem de apresentação. Mas é importante começar a leitura pelo primeiro episódio, em que aparecem figuras-chave do universo de Lobato e o espaço favorito para o transcurso das ações: o sítio do Picapau Amarelo, miniatura do Brasil ideal na concepção do autor. Os demais episódios revelam algumas das principais características de sua obra:

a. a liberdade das crianças, que aceitam a autoridade de D. Benta, mas não se submetem a ela;
b. a modernidade da perspectiva do autor, que recusa expressões passadistas (representadas, por exemplo, por D. Carochinha), preferindo, em seu lugar, as novidades oferecidas pela cultura de massa (Tom Mix, Gato Félix); também é moderno o modo como Lobato se apropria de personagens ou situações estrangeiras (Pinóquio; Peter Pan) e nacionaliza-as (o irmão de Pinóquio; Peninha), integrando-as ao sítio do Picapau Amarelo.

Ler Lobato significa entender seu processo criativo e identificar-se a ele, retomando seu modo de operar com o conhecido. Em sala de aula, o professor pode perguntar a seus alunos como eles agiriam se fossem os Lobatos do século XXI. Eles pesquisariam heróis do cinema que têm atualmente o prestígio que o *cowboy* Tom Mix alcançou por volta de 1920; ou descobririam que personagens de histórias em quadrinhos correspondem hoje ao Gato Félix; lembrariam outras obras dirigidas à infância e à juventude para verificar em quais aparecem figuras dotadas de poderes mágicos como Peter Pan. Localizadas essas personagens, os alunos, em grupo ou individualmente, as transporiam para o universo do sítio do Picapau Amarelo e procurariam imaginar que tipo de relacionamento elas estabeleceriam com Narizinho, Emília, Pedrinho, Tia Nastácia, D. Benta e o Visconde de Sabugosa.

Se a atividade for individual, cada aluno pode propor uma curta aventura que contraponha uma personagem atual a um dos moradores do sítio. Ele pode, por exemplo, importar Harry Potter para as terras de D. Benta e ver como o bruxinho inglês se comporta diante de Pedrinho. Se a atividade for coletiva, pode imaginar, por exemplo, que os alunos de Hogwarts vêm visitar o sítio brasileiro. O cotejo entre os dois mundos depende das sugestões trazidas pelos alunos; e permite que eles reflitam sobre a criatividade e modernidade da obra de Monteiro Lobato, capaz de se adaptar às contingências mais diferenciadas da vida contemporânea.

3. *Cazuza*, de Viriato Correia (1884-1967)

O maranhense Viriato Correia publicou os primeiros livros nas décadas iniciais do século XX, pertencendo ao grupo de ficcionistas que, residentes no Rio de Janeiro, escreviam contos inspirados por sua terra natal. Estreou na literatura infantil em 1908, mas foi a partir dos anos de 1930 que sua produção se intensificou, dedicando-se principalmente à narração de episódios da história nacional, adaptados para crianças.

Cazuza, de 1938, contraria o padrão que notabilizou o autor; mas foi seu grande êxito editorial, objeto de sucessivas edições por muitos anos. Justifica-se o sucesso do livro, que narra a infância do narrador, marcada sobretudo por sua passagem pelo ensino. A obra divide-se em três partes, correspondentes aos períodos de escolarização do protagonista. Cada fase requer uma instituição diferente, situada em outro lugar; assim, o narrador afasta-se de sua origem e de sua família, precisando adaptar-se a novas regras. O processo de aprendizagem não supõe apenas o acúmulo de novos conhecimentos, mas também o amadurecimento interior da personagem, como se, em cada etapa, ele vivesse um rito de passagem, levando-o ao aperfeiçoamento emotivo, moral e intelectual. Para dar conta das transformações internas, Viriato Correia recorre à narrativa em primeira pessoa, processo raramente empregado na literatura infantil. A obra toma a forma do memorialismo, gênero que introduz na produção literária destinada às crianças brasileiras.

A ação transcorre entre o final do século XIX e início do século XX; os escravos tinham sido emancipados pouco tempo antes, e o regime republicano era ainda recente. Percebem-se no livro resíduos escravocratas entre algumas personagens, bem como as desigualdades e os preconceitos sociais. *Cazuza* posiciona-se contra as perspectivas conservadoras desde a ótica ingênua, mas atenta, do narrador.

Os leitores de hoje desconhecem o Brasil pré-industrial retratado no livro. Mas poderão recuperá-lo, se procurarem cotejar a memória do narrador e as lembranças dos idosos de sua família. O professor pode estimular os estudantes a pesquisarem o passado de seus parentes mais próximos e, depois, narrarem em primeira pessoa os eventos que ouviram. Colocando-se na pele do narrador, o aluno entende os acontecimentos desde um ângulo que não é originalmente o seu, alargando seus horizontes afetivos e históricos.

Pode-se, depois, proceder a um debate entre os leitores, investigando-se o que, do mundo representado em *Cazuza*, perdura em nossos dias: cada estudante pode identificar o que, daquele universo, ainda persiste e o que se modificou. A seguir, é desafiado a relatar o que existe atualmente como se já tivesse acontecido, antecipando suas memórias. O aluno é instigado a ver-se retrospectivamente e narrar suas vivências presentes para futuros netos. O procedimento não apenas ajuda-o a entender como *Cazuza* foi redigido, mas também o leva a posicionar-se criticamente perante a atualidade, examinada desde um foco distante.

Cazuza aparece, assim, como uma narrativa capaz de conduzir o leitor à valorização de suas próprias experiências, que, verbalizadas, se tornam compreensíveis.

4. *Histórias de Alexandre*, de Graciliano Ramos

Graciliano Ramos escreveu seu primeiro livro para crianças, *A terra dos meninos pelados*, em 1937, quando era já conhecido pelo romance *São Bernardo*, uma de suas melhores criações. *Histórias de Alexandre* datam de 1944, não se destinando originalmente ao público infantil. Após a morte de Graciliano, foram reunidas em um único livro, *Alexandre e outros heróis*, que inclui também a divertida *Pequena história da república*, circulando desde então como parte do acervo literário nacional destinado à infância e juventude.

Segundo o autor, as *Histórias de Alexandre* pertencem ao folclore do Nordeste, remontando, pois, à tradição oral daquela região do Brasil. Encontram-se ali situações e personagens populares, conhecidos dentro e fora da literatura, como a do papagaio que imita a cantilena do padre, a da guariba que fuma, da cadela que faz as compras de seu dono, figuras que desempenham uma ação extraordinária e, seguidamente, inacreditável.

As histórias são atribuídas a Alexandre, porque contadas pelo vaqueiro introduzido, assim como a esposa, Cesária, no início do livro. Há, pois, um narrador primeiro, anônimo, que passa a palavra a Alexandre, e esse expõe as aventuras a uma plateia de vizinhos, que vêm à sua casa especificamente para ouvi-lo. Cesária acompanha o marido para corroborar, completar ou assegurar verossimilhança aos feitos relatados por ele. Por sua vez, a plateia nem sempre acredita no narrador, porém não deixa de manter sua condição de público cativo e interessado.

A duplicação dos narradores é a estratégia utilizada para que o leitor adentre o universo das narrativas. O primeiro narrador delega a palavra a Alexandre, e é esse o responsável pelo relato de ações onde predominam o exagero, a fantasia e mesmo a mentira. Também se desdobra a posição do leitor, já que Alexandre dispõe de uma audiência que não reage de modo uniforme: há os que se encantam, os que duvidam e os que são chamados a testemunhar, confirmando a veracidade dos fatos apresentados, função conferida a Cesária, nem sempre, todavia, convencida pelo marido. Ao leitor real cabe escolher um desses papéis, divertindo-se em qualquer das circunstâncias, mesmo quando desconfia de Alexandre.

As *Histórias de Alexandre* podem ser lidas em grupo pelos alunos, desempenhando, cada um deles, as diferentes posições atribuídas aos narradores e aos ouvintes. Como as histórias apresentam dois narradores e uma plateia de cinco pessoas, pelo menos, os grupos podem somar até sete alunos. Inicialmente, eles reproduzem um ou mais contos do livro, acrescentando informações ou suprimindo dados se acharem conveniente. A seguir, pesquisam narrativas similares, extraídas da literatura ou de outras formas de comunicação (cinema, televisão, histórias em quadrinhos, por exemplo), e adaptam-nas à situação proposta por Graciliano Ramos em seu livro. Havendo tempo e oportunidade, o professor propõe que a pesquisa se estenda à comunidade dos alunos, que buscam junto a familiares e amigos narrativas de teor similar às de Alexandre, oferecendo-as ao grupo e, depois, aos colegas de turma.

Alexandre, Cesária e seus vizinhos tornam-se, assim, parte da vida dos estudantes, que se aprofundam no conhecimento do mundo proposto por Graciliano Ramos.

5. *O urso com música na barriga*, de Erico Verissimo

Erico Verissimo escreveu para crianças entre 1935 e 1940, época em que transmitia, pelo rádio, o Clube dos Três Porquinhos. As narrativas radiofonizadas transformaram-se em livros, como ocorreu a *O urso com música na barriga*, editado em 1938.

A narrativa é precedida pela descrição do Bosque Perdido, povoado por diferentes animais, que vivem em paz e harmonia. Dentre os moradores do Bosque, destacam-se o Urso Pardo, sua esposa e o único filho, o Urso-Maluco. Este, ao descobrir que, em breve, terá um irmão, pede à cegonha que o bebê nasça com música na barriga. Seu desejo é realizado, e o novo membro da família se comunica tão somente pelo som musical que traz dentro de si. Os pais e os vizinhos aceitam a situação, não, porém, o Urso-Maluco, que, em nova travessura, abandona o ursinho na floresta. Um ser humano encontra-o e vende-o por bom dinheiro. O protagonista vai parar no quarto de brinquedos do menino Rafael, até que, ameaçado de maus-tratos, foge e reencontra os parentes. A reconciliação com o irmão sela o clima de felicidade com que a intriga se conclui.

Embora linear e aparentemente singela, a narrativa dá margem a diferentes abordagens. Pode-se entender que ela trata da perda e recuperação do paraíso, já que o bosque apresenta-se como um espaço ideal, a que o urso retorna depois de um incidente que põe à prova sua capacidade de reagir. É o ser humano que corrompe o ambiente, mas o pequeno herói consegue superar as adversidades e redescobrir a família, sendo reconhecida sua aptidão para defender-se e sobreviver.

O urso com música na barriga fala também do ciúme fraterno: o Urso-Maluco, até então filho único, não aceita concorrência, fazendo com que a cegonha traga para dentro do lar uma criatura com deficiências. Não é o Urso-Maluco, porém, que transpõe o problema, mas o irmão mais moço, a quem cabe comprovar autossuficiência e capacidade de resolver conflitos. Em vez de adotar posição moralista, segundo a qual o ciumento seria punido, Erico Verissimo prefere contar uma história de autossuperação por parte daquele que pareceria o menos preparado para isso.

O urso com música na barriga revela, assim, seu compromisso com a literatura infantil, mostrando como a personagem, que, dada sua menoridade, representa a criança, pode solucionar as próprias dificuldades. Em sala de aula, a leitura desse livro pode suscitar a narração de episódios semelhantes, em que os alunos elaboram esquetes para relatar como dificuldades domésticas são ultrapassadas mesmo por aqueles que parecem menos habilitados.

É importante que os esquetes possam ser radiofonizados, cabendo aos alunos reproduzir as condições em que um programa é transmitido. No caso de *O urso com música na barriga*, a imitação dos sons oriundos do animal individualiza o relato; no caso de suas histórias, os estudantes serão estimulados a introduzir recursos acústicos, para que se recuperem as circunstâncias em que Erico pensou a difusão dos textos que destinou à infância.

Ao se envolverem com a produção de uma obra como *O urso com música na barriga*, os alunos são levados a entender a participação de múltiplas linguagens no processo da criação literária.

6. *Ou isto ou aquilo*, de Cecília Meireles

Cecília Meireles sempre se dedicou à infância e a questões relacionadas ao ensino. Foi professora, escreveu crônicas sobre educação, pesquisou o que liam os alunos dos colégios cariocas e redigiu os didáticos *A festa das letras*, em 1937, e *Rute e Alberto resolveram ser turistas*, em 1938. Interessada no público escolar, elaborou, na juventude, *Criança, meu amor*; depois, ministrou as conferências reunidas em *Problemas da literatura infantil*, de 1951. Nada se compara, porém, a *Ou isto ou aquilo*, obra de poesia destinada a leitores pequenos e jovens.

O livro é formado por 56 poemas, protagonizados, a maioria deles, por crianças ou velhos. Meninas aparecem em maior quantidade, representadas por seu mundo interior, como em *Sonho de Olga*, ou relacionadas a objetos do cotidiano, como vestidos, colares e animais domésticos. Os garotos não são ignorados, e eles podem mostrar-se igualmente introspectivos ou sonhadores (*O menino azul*), embora seu horizonte apresente-se como predominantemente aventureiro (*Rômulo rema*), em contraposição ao ambiente íntimo em que vivem as mocinhas.

A essa presença jovem contrapõem-se os idosos, representados sobretudo por figuras femininas. *As duas velhinhas* Marina e Mariana expressam o universo das mulheres de idade, encerradas em suas lembranças da infância. O poema *A avó do meninó* é exemplar do modo como Cecília Meireles expõe a velhice, que se remoça no contato com a juventude de netos.

Também a natureza se faz presente nos poemas, traduzida por flores e animais familiares à criança. *Uma flor quebrada* exemplifica como os elementos da natureza simbolizam temas mais abstratos, nesse caso, a morte. Os animais, por sua vez, ajudam a incorporar o humor nos textos, já que a autora extrai elementos cômicos das peculiaridades de bichos como mosquitos, lagartos ou pássaros.

Notável é o emprego da sonoridade da linguagem verbal. Valendo-se tanto de recursos tradicionais, como a rima e a métrica, quanto de procedimentos estilísticos como a aliteração e o trava-língua, Cecília Meireles alcança elevado índice de musicalidade nas estrofes. Poemas como *A chácara do Chico Bolacha* ou *Procissão de pelúcia* indicam, desde o título, que o sentido das palavras resulta da valorização de sua camada sonora, provocando o interesse a partir da capacidade de a autora extrair o máximo partido da repetição dos fonemas.[9]

Ao trabalhar com esses poemas em sala de aula, o professor pode fazer com que os alunos percebam a riqueza da sonoridade

---

[9] Cf. ZILBERMAN, Regina. *Como e por que ler literatura infantil brasileira*. Rio de Janeiro: Objetiva, 2005.

dos versos. Estimulando a que leiam as estrofes em voz alta, ele não apenas valoriza a trama fônica dos textos, como revela a íntima relação entre a poesia lírica e a música. Em grupo, os alunos podem fazer exercícios jograis; individualmente, selecionam seus textos prediletos e explicam aos demais as razões da escolha.

Reproduzindo os poemas de Cecília Meireles ou discutindo as preferências, os jovens assimilam as peculiaridades da linguagem lírica e afinam sua sensibilidade.

7. *O cavalinho azul*, de Maria Clara Machado (1921-2001)

Maria Clara Machado começou a redigir peças para o público infantil em meados da década de 50 do século XX. Até então, poucos autores haviam se voltado ao teatro dirigido às crianças. Talvez o fato se devesse à situação da dramaturgia nacional, que se integrou ao projeto renovador do modernismo por volta de 1945, portanto, mais de 20 anos após as manifestações inaugurais da geração liderada por Mario de Andrade (1893-1945) e Oswald de Andrade (1890-1954). Se o teatro brasileiro teve de aguardar a ação de Nelson Rodrigues (1912-1980), nos anos de 1940, os espectadores mirins precisaram esperar até Maria Clara Machado entrar em cena, levando ao palco *O rapto das cebolinhas* e *Pluft, o fantasminha*.

O cavalinho azul, de 1960, é protagonizado por Vicente, o menino pobre que vai atrás de seu sonho, corporificado no animal que dá título à obra. No começo da história, seus pais são obrigados a vender um pangaré pelo qual o garoto tinha grande estima. A perda leva-o à procura de uma compensação, corporificada no mágico animal de cor azul. No início, está só, mas, na sequência, é acompanhado, de um lado, pela menina que se solidariza com ele, de outro, pelos adversários que desejam se adonar do cavalo e, exibindo-o em circos, enriquecerem.

A trama explora as duas facetas da busca: a da fantasia, por Vicente e a amiga; e a do lucro, pelos adultos interesseiros. Ao final, o rapazinho é recompensado, porque realiza sua aspiração, enquanto que os malvados são punidos. Fruto da imaginação de Vicente, o cavalinho azul materializa-se para conduzir a personagem de novo à casa, mais maduro e certamente mais feliz.

O cavalinho azul reitera um tema próprio aos mitos e à literatura infantil: o do amadurecimento interior a partir de uma experiência vivida longe da família. A personagem passa por uma viagem iniciatória, que reforça sua identidade e segurança interna porque se mostra capaz de vencer as dificuldades, sem comprometer a idoneidade pessoal. No caso do texto de Maria Clara Machado, a imaginação desempenha papel fundamental, pois, graças à força da fantasia, Vicente não esmorece, levando a busca até o final, ao contrário da menina, que abandona o companheiro em meio ao trajeto. A peça valoriza, pois, a imaginação, sem a qual Vicente ficaria limitado à vida sem perspectivas de sua família. Esta, porém, não é desacreditada, já que o garoto retorna ao ponto de partida após ter alcançado seu objetivo. Como todo herói viajante, a personagem deseja reencontrar seu lar, para onde traz o resultado de sua aventura.

Em sala de aula, o professor pode valorizar o formato teatral do texto para estimular sua leitura em voz alta pelo grupo de alunos. Para aprofundarem o conhecimento da peça, eles se encarregam de criar dicções diferenciadas para cada uma das personagens.

Se o professor desejar encenar a peça, ele pode discutir com os alunos que figurinos, cenário e trilha sonora se adequariam as características da intriga. Mais importante é conversar com os estudantes sobre a forma a ser dada ao cavalinho azul. Sendo produto do imaginário de Vicente e dotado de propriedades mágicas, ele estimula a inventividade das crianças e dos jovens, que poderão, assim, dar vazão às suas próprias fantasias, em conformidade com a proposta que Maria Clara Machado apresenta em sua obra.

Fruto da engenhosidade da autora, O *cavalinho azul* será objeto de uma apresentação coerente com seu propósito se oportunizar a expansão criativa de seus intérpretes.

dois**ponto**cinco
Letramento literário: não ao texto, sim ao livro

Letramento literário e livro didático, ou a difusão da literatura pela escola

O livro didático constitui um dos gêneros literários mais antigos do Ocidente. Se as primeiras manifestações artísticas expressas pela palavra remontam aos versos de Homero e Hesíodo (século VIII a.C.), responsáveis, respectivamente, por epopeias como a *Ilíada* e a *Teogonia*, datadas dos séculos VIII e VII a.C., já no século IV a.C. apareceu a *Retórica para Alexandre*, considerado "provavelmente um livro didático mais típico [que o de Aristóteles] dessa época"[10], redigido, segundo se especula, por Anaxímenes de Lampsaco (século IV a.C.). O título atribuído a essa obra, contemporânea da Retórica, de Aristóteles (384 - 322 a.C.), sugere seu tema: tratava-se de um manual destinado à aprendizagem da arte de falar em público, matéria altamente relevante para os atenienses, envolvidos, tanto quanto se sabe, na vida política da cidade.[11]

Durante muitos séculos, livro didático e manual de retórica se confundiram, e desde esses começos a matéria predominante era o conhecimento da língua e da literatura, com o fito de aperfeiçoar a expressão pessoal.

No século XVI, com a expansão da imprensa, elaboram-se outras obras destinadas à escola – instituição que igualmente se difundia na Europa, tornando-se pouco a pouco obrigatória para a infância – mas, na maioria delas, predominam assuntos relacionados à aprendizagem e ao emprego da língua. Cabe ressalvar, por seu turno, que, no material então elaborado, a língua deixa de ser entendida em termos de oralidade, insistindo-se na importância do correto manejo da escrita. Aos manuais de retórica, somaram-se as cartilhas, aparecendo a alfabetização do horizonte dos professores.

Nesse mesmo século XVI, principiava a colonização do Brasil por portugueses, que, da sua parte, legaram as tarefas pedagógicas aos jesuítas, e estes se interessaram sobretudo pela catequese dos

---

[10] KENNEDY, George A. *A New History of Classical Rhetoric*. Princeton: Princeton University Press, 1994, p. 49.

[11] Cf. BARTHES, Roland. *Investigaciones retóricas I: la antigua retórica*. Buenos Ayres: Tiempo Contemporaneo, 1974.

indígenas. Seus produtos didáticos, portanto, dirigiam-se a essa categoria especial de público. Somente no século XVIII, durante a administração do Marquês de Pombal (1699-1782), entre 1750 e 1777, o governo português decidiu envolver-se com os rumos da educação dos jovens, retirando o monopólio dos inacianos e procurando laicizar o ensino. Os religiosos continuaram responsáveis pela feitura da maior parte das obras destinadas à aprendizagem da língua, mas, agora, o controle sobre elas passa a ser exercido pelo Estado, e não mais pela Igreja.

Por mais de 20 séculos, o livro com que lidavam os estudantes privilegiava o estudo da linguagem verbal. A retórica e a gramática originalmente incluíam o conhecimento da tradição literária – eis as disciplinas fundamentais, ao lado da matemática e, entre os gregos, da ginástica, que formavam o cidadão, cujas habilidades começavam pelo domínio da fala e da escrita.[12] O letramento colocou-se então na base, e a ciência dos dicionários ajudou a consolidação do saber linguístico. Ao final do processo, havia a literatura, ou a poesia, como era então denominada, porque a teoria da leitura em voga pressupunha o aprendizado do alfabeto para se alcançar sua expressão mais elevada – a que os artistas da palavra tinham utilizado.

Os fatores de ordem histórica explicam por que o livro didático constitui um gênero que assumiu natureza literária: ele lida basicamente com o mundo das letras. Assim, embora não se exijam do livro

---

[12] Cf. ATKINS, J. W. H. *Literary Criticism in Antiquity*: a Sketch of its Development. London: Methuen, 1952. 2 v.; KENNEDY, George. *Classical Rhetoric and its Christian & Secular Tradition*. From Ancient to Modern Times. Chapel Hill: The University of North Carolina Press, 1980.

didático as qualidades que caracterizam o poético – que pode equivaler, conforme a orientação adotada entre as correntes teóricas existentes, à determinada maneira de representar a natureza ou a sociedade, à manifestação da genialidade e originalidade do artista, ou ainda a um certo modo de lidar com a linguagem –, ele engloba a tradição literária e atua como seu portador mais credenciado. Da Antiguidade até o século XVIII da era cristã, tinha a tarefa de transmitir a tradição e veicular modelos, que aos aprendizes competia emular. Após as revoluções burguesas que estabeleceram os Estados nacionais, ele foi tomando cores locais, elegendo a língua e a literatura pátrias como objeto de conhecimento e difusão entre os escolares.

Se a função das primeiras cartilhas, antes do século XVIII, era dar a saber e utilizar o alfabeto, como condição para a prática da leitura, silenciosa ou em voz alta, não competia determinar em que língua se faria a atividade de deciframento da escrita. A preferência recaía sobre o latim, depois, sobre as línguas estrangeiras, não sobre o vernáculo, pois este, supostamente, era instruído em casa. O estudante não ia à escola para aprender o que, em princípio, já dominava com naturalidade. O contrário dessa tese é o que advoga Luiz Antônio Verney (1713-1792), ainda em 1747, em Portugal, ao defender que "o primeiro princípio de todos os estudos deve ser a gramática da própria língua"[13].

A passagem do século XVIII para o XIX assistiu à mudança de panorama: tornava-se tarefa do ensino o estudo da língua nacional, doravante também denominada *materna*, não porque as pessoas

---

[13] VERNEY, Luiz Antônio. *Verdadeiro método de estudar*. Ed. organizada por António Salgado Júnior. Lisboa: Livraria Sá da Costa, 1950. v. 2.

tivessem-na esquecido, mas porque o Estado burguês, modelo que se tornava hegemônico na Europa posterior à Revolução Francesa, necessitava de um padrão linguístico homogêneo, que representasse a unidade de um país. Os dialetos – inúmeros na França, Espanha e Alemanha, por exemplo – foram marginalizados, reprimidos como o basco, o galego ou o catalão, na Península Ibérica, ou rebaixados à condição de regionalismo ou de expressão restrita às camadas populares, pouco ou nada ilustradas. O padrão urbano dos segmentos cultos consagrou-se como norma e correção, e os demais foram jogados para a situação de desvio, erro ou mera curiosidade.

O livro didático, gênero literário por priorizar a poesia, a retórica e a gramática – modos principalmente da escrita –, privilegia agora um tipo de língua, a que provêm dos grupos superiores, incluindo-se aí suas preferências artísticas, as que passam a representar a literatura nacional, cuja trajetória é incorporada pela história da literatura.

Não se trata apenas de explicar por que, aqui, se julga o livro didático um gênero próximo do literário. Importa é esclarecer o profundo vínculo entre esse tipo de livro e o mundo das letras, determinando uma espécie de obra que se torna padrão para todas as áreas do conhecimento. Isto é, o livro didático pertence à literatura, nasceu para difundi-la sob suas várias formas – seja como modalidade singular de expressão, exemplo de uso bem acabado da língua, e maneira de ser e falar a ser imitado – e, por causa disso, converteu-se no paradigma repetido em outros campos do saber. É possível, pois, examinar o livro didático como generalidade, considerando o caso dos que se referem à aprendizagem da leitura, da gramática e da literatura, porque, salvo raras exceções, os demais

– destinem-se eles ao estudo da história, ciências sociais, matemática, biologia etc. – espelham-se naqueles, não chegando a ultrapassar seus limites nem oferecer uma formação diferenciada.

Ao mesmo tempo, porém, eles incidem em certa figuração da língua e da literatura que determina o tipo de veiculação que essas recebem na sociedade e na cultura, logo, impõem uma concepção de leitura e de consumo de criações literárias.

Os livros didáticos que os jesuítas introduziram na educação brasileira não fugiram, até o século XVIII, do paradigma vigente. Após a expulsão da Companhia de Jesus, em 1759, a educação dos jovens brasileiros passou a ser gerenciada principalmente por leigos, piorando, conforme Fernando de Azevedo (1894-1974), o que já não era satisfatório.[14] Como, na colônia, a impressão de livros era proibida, as dificuldades cresciam: era preciso trazer as obras desde a Metrópole, encarecendo o produto e rareando o consumo.

Somente em 1808 autorizou-se a publicação de obras escritas no Brasil, com o estabelecimento da Impressão Régia por força de decreto assinado por D. João (1767-1826), o Príncipe Regente, na época encabeçando o governo português. A tipografia era estatal, mas não podia dar prejuízo, razão por que não se limitou a divulgar os documentos emanados da administração. Passou a editar, de um lado, cartas de jogar[15], e, de outro, livros destinados ao comércio local, e entre os gêneros eleitos figurava o didático, destinando

---

[14] Cf. AZEVEDO, Fernando de. *A cultura brasileira*: introdução ao estudo da cultura no Brasil. 4. ed. Brasília: Ed. da UNB, 1963.
[15] Cf. CABRAL, Alfredo do Vale. *Anais da Imprensa Nacional do Rio de Janeiro de 1808 a 1822*. Rio de Janeiro: Tipografia Nacional, 1881.

títulos, de um lado, aos estudantes dos recém fundados cursos da Real Academia Militar, a Academia Naval e Medicina[16], de outro, aos meninos que começavam a ler. Pode-se supor que esse não fosse um mau negócio, pois um dos lançamentos foi alvo de quadro edições subsequentemente, entre 1818 e 1824, a saber, *Leitura para meninos*, provavelmente de José Saturnino da Costa Pereira, que, conforme Alfredo do Vale Cabral (1851-1894), continha "uma coleção de histórias morais relativas aos defeitos ordinários às idades tenras e um diálogo sobre a geografia, cronologia, história de Portugal e história natural"[17].

O livro didático principia sua trajetória, no Brasil, na condição de coletânea de textos educativos, aptos à formação ética e cultural da infância aqui residente. Ao longo do século XIX, as obras tomam essa feição, oscilando entre aquela que são produzidas na Europa – especialmente em Portugal – e importadas para as livrarias locais, e as que são impressas nas cidades brasileiras. O número dessas é muito menor, determinando a carência de material didático entre os alunos. Características do XIX brasileiro são as queixas relativamente a essas faltas: reclama-se a falta de livros nas salas de aula; quando eles existem, protesta-se pelo fato de serem estrangeiros, comprometendo a formação das crianças. Alguns exemplos ilustram a situação.

---

[16] Cf. a relação de títulos de livros didáticos destinados ao ensino superior, publicados entre 1809 e 1820 na publicação: LAJOLO, Marisa; ZILBERMAN, Regina. *A formação da leitura no Brasil*. São Paulo: Ática, 1996.

[17] CABRAL, Alfredo do Vale. *Anais de Imprensa Nacional do Rio de Janeiro de 1808 a 1822*. Rio de Janeiro: Tipografia Nacional, 1881.

Em relatório de 1851, observa Justiniano José da Rocha (1812-1862), jornalista e professor do Colégio de Pedro II, aliás, ele mesmo autor de livros didáticos na década seguinte:

> Quanto aos métodos e livros de ensino, se não há perfeita identidade, também não há diferenças capitais entre eles. Na falta de livros elementares aprovados e impostos por quem tenha direito de impor e de aprovar, são geralmente adotados os livros antigos, notando-se em alguns colégios progressos: a adoção dos livros da Universidade de França, cujo texto é mais acurado, cuja escolha é melhor regulada pela gradação das dificuldades. Nas aulas, porém, de Retórica e de Filosofia outro tanto não acontece: Quintiliano e Genuense estão destronados (este último com justiça); não há porém uniformidade nos que lhes são substituídos, seguindo-se geralmente em cada colégio, a par das preleções dos professores, postilas ou cadernetas.[18]

Em 1862, o poeta Gonçalves Dias, com missão de verificar as condições do ensino e das bibliotecas nas regiões Norte e Norte do Império, tarefa que lhe delegou o Imperador, constata lacuna similar:

> Um dos defeitos é a falta de compêndios: no interior porque os não há, nas capitais porque não há escolha, ou foi mal feita; porque a escola não é suprida, e os pais relutam em dar os livros exigidos, ou

---

[18] ROCHA, Justiniano José da. *Relatório sobre o ensino secundário no Rio de Janeiro*. Exposição sobre o estado das aulas públicas de instrução secundária, e dos colégios e escolas particulares da capital do Império. Reproduzido em: CARDIM, Elmano. *Justiniano José da Rocha*. São Paulo: Nacional, 1964, p. 117-129.

repugnam aos mestres os admitidos pelas autoridades. [...] Qualquer que fosse o fundamento da escolha é certo que o Conselho da instrução, que foi quem a propôs, esqueceu-se de um livro para leitura; e se alguns professores remediaram este inconveniente, adotando com melhores razões o bom Homem Ricardo e Máximas de Franklin, outros, a maior parte, obrigam os meninos a ler pelo catecismo, livro impróprio para leitura por ser escrito em perguntas e respostas.[19]

Além disso, a predominância de textos inteiramente produzidos em Portugal provoca a reclamação de intelectuais brasileiros, reivindicando a nacionalização do livro didático. Em *A educação nacional*, de 1890, José Veríssimo chama a atenção para a necessidade de abrasileiramento das publicações em circulação na sala de aula:

Acanhadíssimas são as melhorias desse triste estado de cousas, e ainda hoje a maioria dos livros de leitura, se não são estrangeiros pela origem, são-no pelo espírito. Os nossos livros de excertos é aos autores portugueses que os vão buscar, e a autores cuja clássica e hoje quase obsoleta linguagem o nosso mal amanhado preparatoriano de português mal percebe. São os Fr. Luís de Souzas, os Lucenas, os Bernardes, os Fernão Mendes e todo o classicismo português que lemos nas nossas classes da língua, que aliás começa a tomar nos programas o nome de língua nacional. Pois, se pretende, a meu ver erradamente, começar o estudo da língua pelos clássicos, autores brasileiros, tratando coisas

---

[19] Reproduz-se o relatório de Gonçalves Dias em: MOACYR, Primitivo. *A instrução e as províncias*. (Subsídios para a história da educação no Brasil). 1835 - 1889. São Paulo: Nacional, 1939. v. 2, p. 525-526.

brasileiras, não poderão fornecer relevantes passagens? E Santa Rita Durão, e Caldas, e Basílio da Gama, e os poetas da gloriosa escola mineira, e entre os modernos João Lisboa, Gonçalves Dias, Sotero dos Reis, Machado de Assis e Franklin Távora, e ainda outros, não têm páginas que, sem serem clássicas, resistiriam à crítica do mais meticuloso purista?[20]

Alguns anos antes, em 1879, a *Revista Brasileira*, em artigo assinado por F. Conceição, já denunciara o problema, examinando suas causas – a dependência da importação de livros produzidos no exterior – e apontando as consequências no plano da expressão linguística:

> Não temos diante dos olhos senão modelos estrangeiros, escritos em língua que não é nossa, o que faz com que (quem não concordará?) pareça que os brasileiros têm perdido o sabor do idioma com que foram acalentados nos seios de suas mães.[21]

A desnacionalização não envolvia apenas o material escolar. Conforme adverte Justiniano José da Rocha, em 1851, as instituições de ensino eram dirigidas, em sua maioria, por professores originários da Europa, fato, conforme o relator, gerador de resultados negativos:

---

[20] VERÍSSIMO, José. *A educação nacional*. 2. ed. aum. Rio de Janeiro: Francisco Alves, 1906, p. 4-8.
[21] CONCEIÇÃO, F. Os livros e a tarifa das alfândegas. *Revista Brasileira*, Ano 1, Tomo 1, 1879, p. 607-611.

Devo informar a V. Exa. acerca da nacionalidade dos diretores de colégio. Em geral são eles estrangeiros; poucos são brasileiros; alguns franceses, e quase todos portugueses; são igualmente portugueses quase todos os professores. Parece-me isso uma gravidade.

Um dos cardeais objetos da educação da mocidade deve ser infundir o culto da pátria, o conhecimento das suas glórias, o amor às suas tradições, o respeito aos seus monumentos artísticos e literários, a nobre aspiração torná-la mais bela a mais gloriosa. Esse sentimento de religiosa piedade para com a nossa mãe comum não se ensina com preleções catedráticas, comunica-se porém nas mil ocasiões que oportunas se apresentam no correr da vida e das lições colegiais... mas para comunicá-lo, é necessário tê-lo.[22]

Reagindo ao panorama negativo, aparecem as primeiras iniciativas brasileiras. Em 1864, o Cônego Fernandes Pinheiro (1825-1876), membro do corpo docente do Colégio de Pedro II, onde lecionava Literatura Nacional e Gramática Filosófica, organiza *Meandro poético*, coletânea que reúne Alvarenga Peixoto (1744-1793), Basílio da Gama (1740-1795), Cláudio Manuel da Costa (1729-1789), Francisco Bernardino Ribeiro (1815-1837), Francisco de São Carlos (1768-1829), Francisco Vilela Barbosa (1769-1846), João Gualberto Ferreira dos Santos Reis (1787-185?), José Bonifácio de Andrada e Silva, José da Natividade Saldanha (1796-1830), Luís

---

[22] ROCHA, Justiniano José da. *Relatório sobre o ensino secundário no Rio de Janeiro*. Exposição sobre o estado das aulas públicas de instrução secundária, e dos colégios e escolas particulares da capital do Império. Reproduzido em: CARDIM, Elmano. *Justiniano José da Rocha*. São Paulo: Nacional, 1964.

Paulino (1771-1824), Manuel Alves Branco (1797-1855), Santa Rita Durão (1722-1784), Silva Alvarenga (1749-1814) e Sousa Caldas (1762-1814), enfim, os nomes que vinham formando o nascente cânone da poesia nacional, hoje reconhecido apenas em parte. Ao anunciar o livro, no catálogo da livraria Garnier, a casa editora que patrocinou o lançamento da obra, escreve o organizador:

> Esta obra recomenda-se aos pais de família e diretores de colégios pela boa escolha das poesias que a compõem; até hoje sentia-se a falta de uma boa obra neste gênero, que preenchesse o fim desejado; podemos asseverar que a mãe mais extremosa pode dar este livro a sua filha sem temer pela sua inocência; os homens encarregados da educação da mocidade podem ter a certeza de encontrar nesta coleção as poesias mais próprias para formar o coração, ornar o espírito e apurar o gosto dos seus discípulos.[23]

Apenas no período republicano, efetivamente se expande a indústria livreira nacional, calcada sobretudo na produção de obras destinadas ao público estudantil. Uma relação preliminar dos livros didáticos publicados no período entre 1890 e 1920 é expressiva da quantidade de títulos lançados e de suas orientações principais:

a. Afonso Celso – *Por que me ufano de meu país*;
b. Alberto de Oliveira – *Céu, terra e mar*;
c. Alcindo Guanabara (1865-1918) – *Contos para crianças*;
d. Arnaldo Barreto – *Primeiras leituras*;

---

23 CATÁLOGO DA LIVRARIA DE B.-L. GARNIER. In: PINHEIRO, Joaquim Caetano Fernandes. *Meandro Poético*. Rio de Janeiro: Garnier, 1864, p. 111.

e. Arnaldo Barreto e Ramon Puiggari – *Livro de leitura*;
f. Carlos de Laet (1847-1927) e Fausto Barreto (1852-1908) – *Antologia nacional*;
g. Coelho Neto – *Compêndio de literatura brasileira*;
h. Felisberto de Carvalho (1850-1898) – *Exercício de estilo e redação*; *Gramática*; *Livro de leitura* (cinco volumes); *Seleta de autores modernos*; *Exercícios de língua portuguesa*; *Dicionário gramatical*;
i. Francisco Viana – *Leituras infantis*; *Primeiros passos na leitura*;
j. João do Rio e Viriato Correia – *Era uma vez...* (contos para crianças);
k. João Kopke – *Leituras morais e instrutivas*; *Leituras práticas*;
l. João Ribeiro – *História do Brasil* (curso médio); *História do Brasil* (curso primário); *Livro de exercício*;
m. Júlio Silva – *Aprendei a língua vernácula*;
n. Olavo Bilac – *Poesias infantis*;
o. Olavo Bilac e Coelho Neto – *A pátria brasileira*; *Contos pátrios*; *Teatro infantil*;
p. Olavo Bilac e Guimarães Passos (1867-1909) – *Tratado de versificação*;
q. Olavo Bilac e Manuel Bonfim (1868-1932) – *Através do Brasil*; *Livro de composição*; *Livro de leitura*;
r. Ramon Puiggari e Arnaldo Barreto – *Livro de leitura*;
s. Rodrigo Otávio (1866-1944) – *Festas nacionais*;
t. Sílvio Romero – *História do Brasil ensinada pela biografia de seus heróis*;
u. Ventura Bôscoli – *Lições de literatura brasileira*; *Análise gramatical*.

Por certo chamam a atenção dois elementos: primeiramente, a presença de importantes vultos da literatura brasileira da passagem do século XIX para o XX. Com efeito, aí estão, na qualidade de autores de obras dirigidas ao uso escolar, historiadores do porte de João Ribeiro, pensadores da cultura brasileira, como Sílvio Romero e Manuel Bonfim, poetas e ficcionistas como Olavo Bilac e Coelho Neto, além de Júlia Lopes de Almeida, cujas obras para a infância em sala de aula não foram indicadas acima.

Em segundo lugar, a maioria dos livros emprega a palavra *leitura* no título, na sequência da prática que vinha do Segundo Reinado e que tivera, por exemplo, em Abílio César Borges, o Barão de Macaúbas, um de seus principais usuários. Também ele organizara livros de leitura, relembrados na ficção de Raul Pompeia em *O Ateneu* e nas memórias de Graciliano Ramos, matéria de *Infância*.

Nenhum dos dois romancistas parece ter apreciado a pedagogia, criticada por Pompeia, ou as compilações, odiadas por Graciliano, de Abílio César Borges. Com a República, o monarquista Barão de Macaúbas tentou adaptar seus livros ao novo regime político, mas, a se julgar pelo desaparecimento do título dos catálogos das livrarias e tipografias da época, a providência não parece ter tido sucesso.[24] Em seu lugar, apareceram outros *blockbusters* do período: a *Antologia nacional*, de Fausto Barreto e Carlos de Laet; *Através do Brasil*, de Olavo Bilac e Coelho Neto; e os *Livros de leitura*, de Felisberto de Carvalho, coletânea que igualmente marcou a memória de futuros ficcionistas, como José Lins do Rego, que o recorda na novela *Banguê*.

---

[24] Cf. LAJOLO, Marisa; ZILBERMAN, Regina. *A formação da leitura no Brasil*. São Paulo: Ática, 1996.

O vocábulo *leitura*, tão assíduo nesses livros, recobre significações variadas e nem sempre coincidentes. Pode representar primeiramente aprendizagem da escrita, mas é também estímulo ao gosto de ler. Associada à alfabetização, redunda em redação, mas não exclui o interesse cognitivo, pois cabe-lhe alavancar a inteligência. O modo como Felisberto de Carvalho encaminha a questão, na abertura do primeiro volume de sua série de *Livros de leitura*, revela o feixe de intenções, algumas complementares, outras contraditórias, englobadas por um único termo:

> *Assim, pois, procuramos escrever este livrinho de modo a atender os seguintes fins:*
>
> *1º – Despertar no aluno o desejo de aprender a ler;*
>
> *2º – Facilitar-lhe de certa maneira a leitura, pelo exame prévio do desenho que precede cada lição;*
>
> *3º – Não apresentar de uma só vez, como aliás já o tem feito alguns autores, todas as letras e essa grande quantidade de sílabas que desanimam a criança;*
>
> *4º – Fugir do que é muito trivial, e fazer que o aluno adquira sempre ideias novas, apresentando-lhe algumas palavras cuja significação não pode saber, para que o professor tenha ocasião de lhas explicar;*
>
> *5º – Associar a escrita à leitura, poupando ao professor o trabalho de representar por muitas vezes, em manuscrito, as palavras ou frases; cumprido aqui dizer que se não trata de exercícios caligráficos, mas simplesmente logográficos, isto é, da escrita correta das palavras, ainda que não seja bela;*

6º – *Desenvolver sempre, cada dia de aula, a inteligência do menino, levando-o a raciocinar e a expender bem os seus juízos.*[25]

Nessa apresentação, a leitura parece desprovida de objeto, já que não se enumera o que virá a ser lido, a não ser "palavras ou frases". Por sua vez, em volume posterior, dirigido a alunos que já dominam a leitura de modo independente, Felisberto de Carvalho esclarece indiretamente a que se refere essa atividade, ao enumerar para o professor os passos do trabalho com textos escritos. Nesse caso, acoplam-se atividades de reprodução em voz alta do conteúdo da peça escolhida e interpretação, processo conduzido pelo docente e repetido pelo estudante:

4º - *Marcha a seguir para dar uma lição de leitura expressiva.*

1º - Preparação do trecho que deva ser lido;

2º - Leitura expressiva pelo professor, ou por um dos alunos mais adiantados;

3º - Catequização geral, a fim de fazer descobrir: a síntese do trecho; suas ideias principais, e o modo por que se ligam umas às outras; o gênero da composição (descritivo, narrativo, ou oratório); e o acento que nele domina;

4º - Nova leitura pelo professor e nova catequização destinada a fazer encontrar por meio do raciocínio:

a) - O objeto do pensamento e o sentido das expressões figuradas;

---

[25] CARVALHO, Felisberto de. *Primeiro livro de leitura*: desenhado e refundido por Epaminondas de Carvalho. 58. ed. Rio de Janeiro: Francisco Alves & Cia.; Lisboa: Aillaud, Alves e Cia, 1911, p. 7-18.

b) - O caráter da entonação e das inflexões;

c) - As palavras que se devem acentuar;

d) - Os movimentos de aceleração e os de retardação da voz;

5º - Leitura pelos alunos, enfim.[26]

Quando se consolida a produção de livros didáticos nacionais, adaptados às peculiaridades da escola e do estudante brasileiro, aqueles não desmentem uma tradição que remonta à Antiguidade helênica:

a. privilegia-se o mundo das letras, começando pela leitura e aquisição da escrita;
b. chega-se ao conhecimento da literatura, que, da sua parte, é representada por "trechos", mas que pertencem aos gêneros descritivo, narrativo ou oratório, vale dizer, aos gêneros nobres.

Nosso livro didático não foge ao modelo geral: compõe-se de fragmentos de livros, que, reunidos, tomam a forma de um livro integral.

O recorte histórico, com ênfase no processo ocorrido no Brasil do Segundo Reinado e dos primeiros anos da República, permite descrever o modo como se dá a formação literária proposta pelo livro didático, incidindo em uma concepção de literatura:

---

[26] CARVALHO, Felisberto de. *Quarto livro de leitura*: desenhos de Epaminondas de Carvalho. Rio de Janeiro: Alves & Cia., [S.d.], p. 6-13.

a. nos primeiros níveis, a leitura corresponde à aprendizagem dos sinais gráficos – as letras;
b. a leitura introduz o indivíduo no mundo da escrita;
c. quanto mais o sujeito se adentra no mundo das letras – representado pela escrita e por trechos lidos em voz alta –, tanto mais ele se habilita ao conhecimento dos gêneros elevados, que pertencem à literatura.

Elegem-se textos para objeto inicial de leitura, a seguir, de compreensão e reprodução, encarados como trânsito na direção de outros textos, estes já consagrados e reconhecidos socialmente na posição de cânone literário. A literatura é miniaturizada na condição de texto, e o livro, como representação material daquela, desaparece, a não ser quando substituído pelo próprio livro didático, exemplar único a espelhar, na sua fragmentação, a categoria geral e uma classe de produtos.

A formação literária não leva ao mundo dos livros, e sim a simulacros que, se pertencem ao campo conceitual das letras, representam-no apenas parcialmente. O conceito de literatura aí proposto isola uma parte – o texto – do todo, o livro, produto material que congrega autor e obra, sociedade e mundo representado, cultura e economia.

A literatura fica de fora da escola, reproduzindo-se, nesse jogo de empurra, o processo de sua elitização.

Se o início do século XX impôs à escola esse modelo de difusão e ensino da literatura, seu final não apresentou mudanças substanciais, apesar das alterações de glossário e de base teórica.

# Entre o texto e o livro

Para se refletir sobre o momento presente, tomem-se como referência não mais o livro didático, mas os Parâmetros Curriculares Nacionais (PCN), não para questioná-los ou recusá-los, e sim por representarem uma tendência dominante no âmbito do ensino, com repercussões na difusão da literatura e no processo de introdução à obra literária. Destinados à escola básica, dividida em quatro ciclos, esses documentos abordam, em todos os passos, tópicos relativos à escrita e à leitura. Citam-se aqui os que se dirigem às quatro últimas séries do ensino fundamental.

O projeto que os fundamenta pressupõe a conscientização de que o fracasso escolar localiza-se no campo da leitura e da escrita; por causa disso, o objetivo geral para o ensino do português nas quatro últimas séries do ensino fundamental consiste em propiciar ao aluno o uso eficiente da linguagem. Concretizado esse objetivo, realizar-se-ia a finalidade principal dos PCNs, a saber, o exercício competente e consciente da cidadania. Ao mesmo tempo, desatar-se-ia o nó que tem comprometido a qualidade da escola brasileira: em virtude do tipo de funcionamento, eficaz, proposto para a área de língua portuguesa, o problema seria resolvido, refletindo-se no desempenho do estudante nas demais áreas.

Ao ensino do português, delegam-se, pois, duas responsabilidades: superar uma das mais importantes causas do fracasso escolar e cooperar decisivamente para a formação da consciência cidadã, porque esta se expressa e adquire substancialidade no uso da linguagem, sobretudo a verbal.

Para se chegar a esse resultado, cabe partir de um novo pressuposto: não mais a língua como sistema linguístico fechado, conforme sugeriam currículos e programas em outros tempos, mas o texto, considerado **unidade básica de ensino**. O texto, contudo, não é concebido de modo uniforme: pode-se apresentar na forma oral ou escrita, verificando-se ainda **diversidade de textos e gêneros**. Essa conceituação não dissimula a base teórica, oriunda das teses de Mikhail Bakhtin (1895-1975), pensador russo cujas reflexões se introduziram na linguística e na teoria da literatura nas últimas décadas do século XX, afetando a análise do discurso, que examina as modalidades de expressão e seu fundo ideológico, e a literatura comparada, que estuda a intertextualidade.

Procedendo a esse giro, conforme o qual o estudo da língua é substituído pela prática com textos, obtém-se virtualmente o resultado almejado: a escola passa a ensinar o aluno a utilizar a linguagem de modo adequado nas diversas situações comunicativas. O resultado é alcançado pela **prática constante de leitura e produção de textos**, fazendo-se apelo à atividade metalinguística ou gramatical apenas quando necessário, isto é, quando for preciso ampliar o repertório comunicativo do aluno. O documento propõe que **não se justifica tratar o ensino gramatical como se fosse um conteúdo em si, mas como um meio para melhorar a qualidade da produção linguística**. Há, à primeira vista, ruptura com o ensino tradicional da língua portuguesa, embora não se verifique a rejeição de alguns de seus propósitos, caso compararemos esses objetivos aos de uma obra tradicional, e hoje, de valor unicamente histórico, como a de Felisberto de Carvalho, antes citada.

Os objetivos apresentam duas direções: de um lado, referem-se ao uso do texto em situações pragmáticas; de outro, têm sentido analítico, porque visam desenvolver a percepção de características peculiares às manifestações linguísticas. No primeiro caso, a meta é chegar ao conjunto de atividades que possibilitem ao aluno desenvolver o domínio da expressão oral e escrita em situações de uso público da linguagem; no segundo, visam oferecer ao estudante um potencial classificatório que lhe permita distinguir modalidades de texto, tipos de uso da manifestação verbal etc., valorizando a consciência reflexiva diante do material linguístico de que o próprio aluno é usuário.

Embora legítimos, esses objetivos não são originais. Como se sabe, a escola que conhecemos é uma instituição característica da cultura ocidental que remonta aos gregos, em especial aos atenienses do século V a.C., que acreditaram que o homem, embora dotado de inteligência e discernimento, podia ser aperfeiçoado por intermédio da educação. Os sofistas foram provavelmente os primeiros professores do Ocidente, e sua matéria foi a linguagem, ensinando o modo como dar emprego adequado às palavras da língua. O estabelecimento da gramática veio depois, competindo-lhe sistematizar as regras da língua a serem utilizadas pelo bom orador. A retórica consagrou-se como ciência, tornando-se não apenas disciplina obrigatória da escola, mas objeto da reflexão de homens do porte de Platão e Aristóteles, entre os gregos, e de Cícero (106-43 a.C.) e Quintiliano (30-95 d.C), entre os romanos.

Todo o objetivo que lida com o **uso público da linguagem** remonta à retórica e sua tradição, que, como se observou no início, determinou o aparecimento dos primeiros livros didáticos. De todo modo, os objetivos mostram-se coerentes com o propósito geral dos PCNs: se compete à escola formar cidadãos lúcidos e participantes, nada melhor do que ensinar aos alunos como lidar com a linguagem, sinal de sua competência linguística e consciência diante da sociedade. O risco é de reverter o ensino da língua portuguesa à retórica tradicional, escondendo atrás de uma roupagem renovadora uma concepção não apenas pragmática e utilitária da língua, mas bastante convencional e, supostamente, superada desde o início do século XX, quando deixou de vigorar em sala de aula.

A literatura não fica de lado, aparecendo como uma das possibilidades de texto ou gênero de discurso. Verifica-se aí, aparentemente, uma oposição à tradição dos estudos literários, que privilegia a especificidade da escrita artística.

Com efeito, a teoria da literatura, por boa parte do século XX, conferiu atenção exclusiva ao literário como qualidade intrínseca à arte da palavra, diversa e superior aos demais empregos dados à linguagem verbal. O *New Criticism*, desde os anos de 1940, na América do Norte, e o estruturalismo, na Europa dos anos de 1960, levaram esse propósito às últimas consequências. Os movimentos modernistas e de vanguarda, liderados por escritores, aceleraram o processo, dando vazão a obras herméticas que requeriam, efetivamente, um recebedor altamente preparado. Como chama a atenção Andreas Huyssen (1942), o resultado foi uma nítida divisão de fronteiras, separando, para um lado, a literatura, com seus críticos e estudiosos muito preparados, para outro, os consumidores.[27]

Por sua vez, ao eleger esse procedimento – elitista, digamos –, a teoria da literatura não desmentia o paradigma da leitura até

---

[27] Cf. HUYSSEN, Andreas. *After de Great Divide*: Modernism, Mass Culture, Postmodernism. Bloomington and Indianopolis: Indiana University Press, 1986.

então adotado pela escola, tradicional ou moderna; pelo contrário, reforçava-o. Desde os gregos, a aprendizagem da leitura oferecia o solo sobre o qual se apoiava o conhecimento da literatura, representada esta por obras e autores prestigiados, cuja fama se consolidou ao longo do tempo. Embora apresente finalidade prática e imediata, pois visa promover a comunicação e facilitar o emprego da escrita, a leitura fomentada em sala de aula colaborou para o fortalecimento de um cânone, explicado e ainda reforçado pela ciência da literatura.

Assim, a primeira grande teoria da leitura, e provavelmente a mais duradoura, foi a que dispôs do ensino e da pedagogia como um de seus principais e mais eficientes difusores. Iniciou entre os gregos que, como ainda hoje se faz, partiam da alfabetização, para chegar ao conhecimento do texto literário, começando pelo próximo, para alcançar o distante.

Para atingir esse resultado, foram necessárias duas providências: organizar a instituição encarregada de profissionalizar a atividade pedagógica, o que deu origem à escola; e promover a separação entre a religião e a poesia, competindo à primeira a guarda do mito, e à segunda, nascida daquela mas agora emancipada, o zelo da língua. Desse modo, embora se transfira do mundo do sagrado para o profano, a literatura não deixa de ser venerada como algo santificado por representar um patrimônio precioso, responsável por regras, primeiramente as linguísticas, depois as éticas, ideológicas, sociais e artísticas. Eis a "aura" que Walter Benjamin reconhece nos objetos de arte,[28] manifestando-se desde a Antiguidade.

---

[28] BENJAMIN, Walter. A obra de arte na era de sua reprodutibilidade técnica. In: _____. *Magia e técnica, arte e política*. Trad. Sérgio Paulo Rouanet. São Paulo: Brasiliense, 1985. (Obras Escolhidas, v. 1).

E sendo preservada pelo menos por duas razões: a poesia era compreendida como uma entidade elevada; e destinava-se tão somente aos grupos dominantes, os únicos, por muitos séculos da história ocidental, com acesso à educação.

No século XX, a teoria da literatura associou-se ao que a escola vinha fazendo desde a Antiguidade, ajudando a consolidar o processo e devolvendo-o ao ensino com o nome de *estudos literários*. A elitização permanece, mas deixa os consumidores de fora, colaborando para o aprofundamento das diferenças que geram dois modos de exclusão: de um lado, a teoria da literatura alça seu objeto a um patamar de excelência que o distancia dos leitores; de outro, estes aceitam que a literatura não faça parte de sua vida ou não a entendem como tal.

As mudanças sociais e econômicas ocorridas após o século XVIII determinam, contudo, outras questões que repercutem no âmbito da literatura e da leitura, gerando novas facetas de exclusão.

As transformações provocadas pelo capitalismo, desde o século XV da nossa era até o século XVIII, quando a Revolução Industrial acelerou a modernização europeia, requereram transformações radicais no ensino. A burguesia disputava o poder com a nobreza e, como parte dessa luta, atribuía à posse da educação a função de simbolizar a adequação da nova classe emergente às funções dirigentes reivindicadas. Por sua vez, as plantas industriais, em expansão, exigiam mão de obra qualificada para dar conta dos serviços especializados. E a economia capitalista reclamava consumidores aptos a adquirirem os novos produtos postos à sua disposição, vinculados ao mundo da comunicação e da informação. Escolarizar a população torna-se a palavra de ordem, começando pela alfabetização em massa.

Não se trata mais do processo importado dos gregos e que sobreviveu, com pequenas modificações, durante a Idade Média e princípios da era moderna, adotado por pedagogos tanto leigos, quanto religiosos, como os jesuítas. A introdução ao mundo das letras tinha de se mostrar mais rápida e eficiente e, ao mesmo tempo, levar em conta que se destinava a usuários, boa parte provenientes do campo e de origem humilde, que até então não sentiam falta da escrita e da leitura de textos.

De lá para cá, a teoria da leitura não pôde mais se confinar à literatura, tomando nova direção. Assim, desde o século XIX, com intensidade maior no século XX, proliferaram as teorias da alfabetização.

Não surpreende que essas tenham se desenvolvido especialmente em países pobres, onde, até hoje, se encontram, de uma parte, grandes contingentes de iletrados, de outro, o empenho e a adoção de arrojados projetos de crescimento econômico e aceleração tecnológica.

Eis o dado novo: o letramento passou a constituir um segmento autônomo das teorias da leitura quando aplicadas à educação. Harvey J. Graff chama a atenção para o papel ideológico que exercem, adequando o aprendiz não apenas ao mundo dominado pela escrita, mas ao mundo regido pelas regras da sociedade capitalista[29], aspecto igualmente destacado por John Oxenham.[30] A

---

[29] Cf. GRAFF, Harvey J. *The Literacy Myth*: Literacy and Social Structure in the Nineteenth-Century City. New York: Academic Press, 1979. Ver também: GRAFF, Harvey J. *Literacy and Social Development in the West*: a Reader. Cambridge: Cambridge University Press, 1981. GRAFF, Harvey J. *The Legacies of Literacy*: Continuities and Contradictions in Western Culture and Society. Bloomington and Indianapolis: Indiana University Press, 1991.

[30] Cf. OXENHAM, John. *Literacy*: Writing, Reading and the Social Organization. Boston and Harley: Routledge and Kegan Paul, 1980.

peculiaridade das teses relativas ao letramento, mesmo quando se fala das ideias progressistas de Paulo Freire (1921-1997), no âmbito da pedagogia[31], ou de Emília Ferreiro (1936) e Ana Teberosky[32], no campo da linguística, é que se apresentam como um fim em si mesmas, não mais na condição de passagem para a literatura.

Assim, se antes – conforme o modelo originário da Grécia que institucionalizava o canônico e que ainda vigora nos estudos literários – a literatura ficava no fim ou de fora, agora ela não está em parte alguma. A dissociação faz com que a literatura permaneça inatingível às camadas populares que tiveram acesso à educação, reproduzindo-se a diferença por outro caminho, respondendo os letrados não mais por aqueles que sabem ler, mas pelos que lidam de modo familiar com as letras, os especialistas. Como a estética e as teorias da literatura proclamaram, por muito tempo, a autossuficiência da obra poética, reconstitui-se a sacralidade desta e mantém-se a aura flagrada por Walter Benjamin, mais uma vez com a colaboração da escola e da pedagogia.

As discriminações, que se encontravam no seio da sociedade, migram para o miolo das teorias da leitura que circulam através da educação do leitor. Até um certo período da história do Ocidente, ele era formado para a literatura; hoje, ele é alfabetizado e preparado para entender textos, ainda orais ou já na forma escrita, como

---

[31] Cf. FREIRE, Paulo. *Educação como prática da liberdade*. Rio de Janeiro: Paz e Terra, 1974.
_____. *A importância do ato de ler*: em três artigos que se completam. Campinas: Autores Associados; São Paulo: Cortez, 1982.
[32] Cf. FERREIRO, Emilia. *Novas perspectivas sobre o processo de leitura e escrita*. Porto Alegre: Artes Médicas, 1987. FERRERO, Emilia; TEBEROSKY, Ana. *Psicogênese da língua escrita*. Porto Alegre: Artes Médicas, 1985.

querem os PCN, em que se educa para ler, não para a literatura. Assim, nem sempre a literatura se apresenta no horizonte do estudante, porque, de um lado, continua ainda sacralizada pelas instituições que a difundem, de outro, dilui-se no conceito vago de texto ou discurso.

A literatura pode constituir um gênero de discurso, como sugere Bakhtin em seus ensaios – formulação aparentemente dessacralizadora. Similar concepção, contudo, exclui a natureza material da literatura, que se configura na forma do livro, este sendo o grande excluído do ensino, porque, como se verificou antes, quando ele se apresenta, toma a configuração da obra didática, súmula de fragmentos fragilmente costurados.

Para admitir o livro como face material da literatura, cabe aceitar corresponder esta a uma mercadoria, artefato fabricado em quantidade por profissionais, conforme a sistemática de uma indústria específica que visa ao lucro. Com efeito, a literatura se expandiu e tomou o caráter que hoje tem – a faceta escrita superando a origem oral da poesia – quando veio a ser fixada em um dado suporte, de cuja comercialização dependiam os sujeitos que participavam de sua criação e difusão. Ele pertence, pois, a um processo econômico, e o modo como se apresenta, na sociedade e na escola, decorre das expectativas do meio. Evitá-lo ou negá-lo representa idealizá-lo, elitizando-o por outro caminho. Compreendê-lo na sua materialidade aproxima-o da situação concreta de seus usuários.

Um projeto educacional destinado a preparar os indivíduos para o exercício competente da cidadania não supõe, acredita-se, a exclusão. Se a leitura da literatura deve contribuir para a efetivação dessa meta, ela suporá a experiência total do produto – não o fragmento sacralizador do todo, mas a totalidade dessacralizada, material e imediata do livro impresso.

dois**ponto**seis
Ensino médio, vestibular e literatura

O ensino secundário no Brasil

O começo do ensino secundário brasileiro aconteceu no período colonial, quando as escolas religiosas, sobretudo as dos jesuítas, estavam encarregadas de educar a população branca transferida para a América ou descendente dos primeiros ocupantes. Com finalidade diversa das aulas dedicadas à catequese dos índios, esse ensino secundário fornecia os conhecimentos considerados essenciais à formação das elites dirigentes e à trajetória intelectual de seus membros, caso desejassem frequentar, mais tarde, a universidade, em Portugal.

O caráter assumido pelo ensino médio, de preparação aos estudos acadêmicos, ficou mais evidente no período imperial, sobretudo depois de 1850, quando começa a aumentar o número de cursos superiores no Brasil. Porém, como o acesso a eles dependia de exames de seleção que prescindiam da passagem pelo secundário, este se revelou supérfluo e dispensável. A situação desse grau só de modificou quando o século XX ia adiantado, sendo adotada uma nova organização que procurou responder a dois tipos de exigência: de um lado, ajustou-se às demandas das camadas urbanas que reivindicavam acesso a níveis mais elevados da educação, encarada como possibilidade de ascensão social; de outro, promoveu a articulação necessária entre os ensinos básico e superior, uma vez que o governo federal, especialmente durante os ministérios Francisco Campos (1891-1968) e Gustavo Capanema (1900-1985), o primeiro logo após a revolução de 1930 e o segundo durante a administração de Getúlio Vargas (1882-1954), estava empenhado na instalação e desenvolvimento da universidade brasileira.

A solução, que atendia às duas demandas e, ao mesmo tempo, não alterava o quadro social, foi manter dois tipos de ensino secundário: de um lado, institui o ginásio e o colégio, dividido esse em clássico e científico e dirigido à formação e diplomação das elites que se orientavam aos cursos superiores; de outro, as escolas técnicas – industrial, comercial, agrícola, de magistério –, a serem frequentadas pelos grupos emergentes que, habilitados por estes cursos (que não equivaliam integralmente ao secundário regular, pois, em sua origem, não facultavam o ingresso no nível superior), forneceriam a mão de obra mais qualificada, imprescindível ao surto industrial do país, quando este optava por essa modalidade de desenvolvimento econômico.[33]

A nova organização do ensino secundário não suplanta a divisão social; porém, sendo o resultado de reivindicações dos setores da classe média, não deixa de participar do processo de

---

[33] Cf. CUNHA, Luiz Antônio. *A universidade temporã*: o ensino superior da colônia à era de Vargas. Rio de Janeiro: Civilização Brasileira; Fortaleza: Ed. da UFC, 1980; SCHWARTZMAN, Simon; BOMENY, Helena Maria Bousquet; COSTA, Vanda Maria Ribeiro. *Tempos de Capanema*. Rio de Janeiro: Paz e Terra; São Paulo: Edusp, 1984.

democratização das oportunidades de ascensão, adequando-se às necessidades dos grupos que propiciariam a situação recente do ensino. Celso Beisiegel caracteriza a tendência adotada pela escola secundária a partir dos anos 1930 do século XX:

> A abertura das oportunidades de acesso fez com que perdessem qualquer significado as teses que definiam esse tipo de ensino como um estágio na formação das 'futuras elites condutoras' do país. Encampadas pelo agente político apenas na medida em que apareciam como um elemento do processo de competição pelas posições no poder, as pressões populares acabaram, no entanto, por imprimir uma nova direção ao desenvolvimento de todo o ensino de nível médio. Não obstante a estrutura desse nível do ensino e mesmo os conteúdos do currículo não tenham sofrido transformações mais significativas até bem mais tarde, ainda assim a escola secundária passou por mudanças 'qualitativas' profundas. Da escola seletiva passou a escola comum, tendencialmente aberta a todos.[34]

Entretanto, ainda que se tornando mais popular, ela não perde o sentido original: trata-se mais uma vez, como escreve Beisiegel, "de uma educação concebida pelas 'elites intelectuais' com vistas à preparação da coletividade para a realização de certos fins" (p. 50).

As transformações da sociedade nacional na direção da industrialização acelerada, visando à integração do país ao capitalismo avançado, continuaram afetando a estrutura do ensino. A reforma

---

[34] BEISIEGEL, Celso. Cultura do povo e educação popular. In: VALLE, Edênio; QUEIRÓS, José J. (Org.). *A cultura do povo*. São Paulo: Cortez e Moraes; EDUC, 1979, p. 44-45.

implantada em 1971, que, como na década de 1930, acompanhou a reforma universitária, começada em 1968, conferiu outro desenho à vida escolar: unificou o primário e o ginásio, que deixou de pertencer ao ensino médio, passando a fazer parte do primeiro grau, este então com oito anos de duração. O chamado *segundo grau* absorveu o período colegial e congregou os cursos de formação científica ou humanística (o clássico) às habilitações profissionalizantes que, a essas alturas, já eram consideradas equivalentes e davam acesso ao nível superior.

A partir dos anos 1970, primeiro e segundo graus vieram a ser considerados profissionalizantes, de modo que o antigo ginásio sofreu uma espécie de rebaixamento, se comparado com sua destinação original. Todavia, a nova posição ocupada refletia tão somente sua universalização: tendo deixado, desde os anos de 1960, de ter o caráter distintivo que uma vez o caracterizou, ficou obsoleta sua separação do primário. Por isso, selou-se como definitiva sua destinação às classes populares, mas, ao mesmo tempo, conferiu-se a ele uma finalidade reveladora das expectativas colocadas nessa fase de educação: a de qualificar a mão de obra de que a sociedade urbana e industrial em expansão carecia, dando-lhe terminalidade profissionalizante enquanto habilitação para o exercício de atividades menos complexas, mas igualmente requisitadas pelo novo *status* econômico.

Por sua vez, o destino profissionalizante do então segundo grau atendia a várias questões, algumas semelhantes – também oferecia técnicos mais capacitados às agências empregadoras –, outras diferentes. Nesse caso, manifesta-se a aspiração de que, habilitado ao exercício de uma profissão, o diplomado se dirigisse diretamente ao mercado de trabalho, e não à universidade, preservando-se o caráter elitista daquela. Essa meta contradizia a orientação histórica do grau médio, que, como se disse, foi sempre etapa preparatória ao ingresso aos cursos superiores. Por isso, não pôde impedir o alargamento da procura por vagas no nível superior, embora o oferecimento de novos lugares tenha se dado de modo distorcido: expandiram-se as faculdades particulares, financiadas pelos próprios alunos, conservando-se o ensino público, sustentado pelo Estado, para as elites dirigentes.[35]

De toda maneira, essas mudanças foram igualmente resposta às reivindicações de camadas intermediárias e populares da sociedade, traduzindo-se em reformas nas quais estão presentes, ao mesmo tempo, as novas oportunidades solicitadas por aqueles setores e os obstáculos a impedir que tais oportunidades sejam efetivamente desfrutadas por todos de modo igualitário. Eis por que as reformas manifestam-se seguidamente de maneira ambígua, revelando a atitude conciliatória que procura equilibrar as exigências dos grupos inferiorizados e os interesses dos segmentos elevados.

Esses objetivos, que caracterizam a dupla articulação do ensino brasileiro[36], podem ser verificados nos princípios que, no período em questão, regeram as linhas curriculares, tomando-se aqui o exemplo das Diretrizes Curriculares para o Ensino do Segundo Grau no Estado do Rio Grande do Sul, especialmente no que se refere às noções de continuidade e terminalidade:

---

[35] Cf. MARTINS, Carlos B. *Ensino pago*: um retrato sem retoques. São Paulo: Global, 1981.
ANDRADE, Claudete Amália Segalin de. *Dez livros e uma vaga*: a leitura da literatura no vestibular. Florianópolis: Ed. da UFSC, 2003.
[36] Cf. PAOLI, Niuvenius Junqueira. *Ideologia e hegemonia*: as condições de produção da Educação. São Paulo: Cortez; Campinas: Autores Associados, 1980.

> O princípio de continuidade e de terminalidade decorre do princípio de integração.
>
> O currículo, em face do princípio de integração, passa a organizar-se sob o duplo aspecto, no sentido de:
> - oportunizar e favorecer a continuidade do processo educacional do aluno, se assim o aluno desejar;
> - oferecer condições de terminalidade educacional, isto é, instrumentalizar o educando para que ele, no momento em que as contingências sociais exijam, se encontre apto, segundo suas possibilidades individuais, a ingressar na força viva do trabalho.[37]

Os dois princípios que dirigiram o funcionamento do segundo grau estão aí expressos. Ao procurar oferecer uma profissão ao educando, ele não apenas atende a uma necessidade do mercado de trabalho, que demanda técnicos de nível médio; ele também busca corresponder às expectativas de setores sociais intermediários, para os quais a universidade pode ser ainda um ideal distante e intangível. Nessa medida, o ensino secundário se altera sensivelmente, porque perde o caráter elitista que mantinha e abre mão de modo quase integral da orientação humanista até então preservada. Por outro lado, não abandona sua tendência intermediária, propondo-se como ponte para a universidade, finalidade segundo a qual foi originalmente concebido.

Entretanto, os dois objetivos não são facilmente conciliáveis, pois, no fundo, tornaram essa etapa da vida escolar uma soma de

---

[37] ESTADO DO RIO GRANDE DO SUL (Estado). Secretaria de Educação e Cultura. *Diretrizes Curriculares*: Ensino de 2º Grau, Rio Grande do Sul. Porto Alegre: SET-SUT-UPO, 1976.

dois tipos de ensino – o regular e o técnico – antes existentes, soma paradoxal em que cada uma das parcelas fica pela metade. O resultado não foi apenas uma mudança curricular; os conteúdos das disciplinas foram alterados, afetando a bagagem de conhecimento que o estudante transporta do secundário para a universidade, quando decide atravessar a ponte e chegar ao outro lado. Ressalte-se que mudanças subsequentes, efetivadas depois de 1990, não alteraram o quadro geral, ainda que o propósito profissionalizante do ensino médio tenha recuado.

A literatura no ensino secundário

O ensino da literatura não precisava de qualquer justificativa enquanto a escola secundária conservou a natureza humanista trazida de suas origens. Convertido em profissionalizante ou transformando-se em uma aspiração para grupos sociais que, por várias razões, dificilmente chegarão à universidade, o ensino médio teve de redefinir suas expectativas em relação à presença da literatura no currículo. De um lado, porque o conhecimento da literatura não é propriamente profissionalizante: o aluno, ao estudá-la, não adquire nenhum saber prático com o qual possa se manter financeiramente; logo, não se justifica como "terminalidade". De outro, os estudos literários não são fundamentais para o percurso acadêmico do universitário, a não ser que se dirija ao curso de letras; portanto, a "continuidade" também não comparece.

Com efeito, nada, a não ser o vestibular, explica a presença da literatura no nível médio, desde que se aceleraram as mudanças em sua organização. Por sua vez, justificar-se por constar do vestibular significa o apelo a outra modalidade de pragmatismo e imediatismo como condição de garantir a permanência da disciplina no currículo.

O vestibular, de cujo programa invariavelmente a literatura faz parte, converte-se no limite e na razão de ser do ensino daquela. A importância desse exame de seleção não é, pois, negligenciável, assegurando um campo profissional bastante abrangente, de que participam professores de literatura, escritores cujos livros são indicados para leitura e interpretação, e editoras que disputam não apenas os textos dos autores vivos a serem objeto de análise, mas também as obras caídas em domínio público (cujos direitos autorais podem ser economizados), via de regra as mais solicitadas.

O vestibular também determina a perspectiva com que a literatura é estudada. Privilegia a ótica histórica e evolucionista, apoiando-se na bibliografia de tipo historiográfico; enfatiza o estudo da literatura brasileira, tendo, aos poucos, abandonado a literatura portuguesa, em outras décadas mais assídua nos exames; e dá maior peso aos autores do passado sobre os do presente, embora possam aparecer esporadicamente movimentos no sentido da valorização do escritor contemporâneo ou local.

Como os vestibulares são elaborados por docentes dos cursos superiores aos quais se candidatam os estudantes (ou então por instituições às quais as universidades encomendam as provas), não são os professores de ensino médio que escolhem os programas, autores e perspectivas de análise do material literário com que trabalharão em sala de aula. E como predomina a visão histórica, os docentes precisam se adaptar à ótica evolucionista que tende a ignorar a produção literária contemporânea e a examinar os textos sob o enfoque das escolas artísticas ou períodos estéticos que eles representam ou exemplificam.

Enfim, como a pressão visando à aprovação suplanta em muito a valorização da aprendizagem, ocorre a interferência do "cursinho", que, em certo sentido, duplica a função da escola secundária. Não acrescenta novos conteúdos, senão que reforça sua absorção, resultando disso uma espécie de concorrência entre os dois professores que lidam com estudantes do grau médio.[38]

Embora, concretamente, o ensino da literatura esteja delimitado pelo vestibular, cuja sombra se projeta mesmo no primeiro ano do ensino médio, os currículos parecem ignorar esse fato, como se a preparação àquela prova de seleção estivesse fora de sua competência. O fato de que ela é elaborada pelos próprios cursos superiores facilita o mútuo estranhamento, para o qual também contribui a diferença de instâncias que regulamentam um e outro grau, o ensino médio sendo orientado pelas secretarias estaduais de educação, o ensino superior, pelo nível federal representado pelo Ministério de Educação.

Para o professor, entretanto, essa divisão é problemática, pois ele se vê perante dois caminhos não facilmente reconciliáveis:

a. Entregar-se inteiramente à preparação dos alunos ao vestibular, transformando sua atividade em aula de cursinho. Essa

---

[38] Observe-se que a intenção do Ministério de Educação, de prestigiar o Exame Nacional do Ensino Médio (Enem), passando a esse teste a atribuição de selecionar os estudantes do ensino superior em universidade públicas, intenção ainda não inteiramente concretizada, já provocou o aparecimento de cursos preparatórios às provas nacionais.

opção parece comprometer as finalidades pedagógicas do ensino médio, pois, dessas, como se disse, o exame de ingresso à universidade parece estar ausente; contudo, é ela que responde mais imediatamente a um dos interesses principais do aluno ao frequentar a escola nessa fase.

b. Resgatar o modo como foi idealizado o ensino da literatura, restaurando, com isso, a concepção humanista presente na origem da escola secundária. Ao fazer essa escolha, o professor assume uma tarefa complementar: a de convencer os alunos de que a aprendizagem no secundário não se resume às provas de seleção.

As duas alternativas parecem insatisfatórias. A primeira não apenas atrela mais o ensino médio ao vestibular; ela o submete ao cursinho, a ponto de transformar esse em modelo e o outro em cópia, como pode ser verificado na publicidade paga por instituições de elite dirigidas a pré-universitários. Além disso, inferioriza o ensino da literatura, pois o sujeita à transitoriedade e transponibilidade de que as provas consistem.

A segunda alternativa, por seu turno, ignora a nova composição social da escola. A concepção humanista que fundamentou o percurso no nível médio implicava uma visão da literatura como posse de um conhecimento erudito e de um patrimônio a ser transmitido de geração para geração, patrimônio criado e consumido dentro dos setores sociais elevados, restringindo-se, portanto, sua abrangência e alcance a esse mesmo círculo cujos valores reproduzia e acabava por legitimar. Assumindo essa direção, a literatura terminava por indicar o *status* dos destinatários – e não o seu próprio; por isso, via ser marginalizado ou omitido seu conteúdo renovador, sendo submetida aos espartilhos herdados da história literária, segundo uma concepção que os programas dos exames de seleção, entre os quais o vestibular, ainda difundem.

Atendendo a novos segmentos sociais, o ensino da literatura vê se romperem os canais de comunicação entre o patrimônio literário e o público estudantil, cuja rejeição traduz-se na não leitura e na preferência por outros meios de expressão. O mercado editorial percebeu a mudança muito mais rapidamente que a escola, providenciando o lançamento de produtos alternativos que têm agradado a juventude e, por tabela, chegado aos professores. Eis por que, na esteira das reformas escolares e das alterações da composição social do alunado, emergiram tantas coleções dirigidas ao leitor jovem, com características gráficas e temáticas até então inexistentes na literatura brasileira e que procuram responder ao perfil do novo consumidor.

Outro resultado é o alargamento do conceito de literatura com que o professor trabalha no ensino médio, quando ele deseja atender à demanda emergente. De um lado, é induzido a incorporar novas modalidades de texto, pois o aluno não apenas frequenta outras formas de expressão cultural (o cinema, a televisão, as histórias em quadrinhos, a música, a internet), como é leitor de qualidades diversas de publicações, como o livro informativo ou técnico, o fascículo, a revista, o jornal, o blogue. De outro, percebe o interesse do estudante por variedades de textos de ficção e poesia ainda não canonizados, portanto, ainda não reconhecidos pelas histórias da literatura e, por extensão, ainda não englobados pelos programas dos exames de seleção.

Quando a noção de literatura se alarga e acolhe outras modalidades de expressão, diversas das já consagradas ou sacramentadas, o ensino médio parece descobrir perspectivas renovadoras, capazes também de oferecer-lhe alternativas diferentes da mera adequação ao vestibular ou da regressão a um tipo de educação que foi funcional enquanto serviu aos grupos sociais que o criaram. É igualmente quando ele pode corresponder às expectativas das novas camadas que o frequentam e buscam nele maneira de se situar na vida brasileira contemporânea. Como resultado, a literatura também se torna um produto mais trivial no mercado dos bens culturais; de outro lado, a convivência com ela fica mais fácil, menos obstruída por instâncias intermediárias.

Talvez a nova opção não seja melhor que as outras; entretanto, é a que a sociedade apresenta. E sua generalização crescente indica que, a não ser que novas mudanças ocorram, ela ainda persistirá por algum tempo.

dois**ponto**sete
O ensino médio e a formação do leitor[39]

> Uma das questões do vestibular de uma prestigiada universidade brasileira está assim formulada:
>
> Morte e _____ são temas presentes tanto na poesia de _____ quanto na de _____, considerados as duas principais matrizes do _____ no Brasil, movimento do final do século XIX, de inspiração francesa.

---

[39] ZILBERMAN, Regina. O ensino médio e a formação do leitor. In: *Nos caminhos da literatura*. São Paulo: Peirópolis, 2008, p. 113-117.

> Para preencher as lacunas, apresentam-se ao vestibulando as seguintes alternativas:
>
> a. mitologia – Cruz e Souza – Eduardo Guimaraens – Parnasianismo
> b. melancolia – Alphonsus de Guimaraens – Raimundo Correa – Simbolismo
> c. religiosidade – Cruz e Souza – Alphonsus de Guimaraens – Simbolismo
> d. amor – Olavo Bilac – Raimundo Correa – Parnasianismo
> e. natureza – Cruz e Souza – Eduardo Guimaraens – Simbolismo

O estudante logo percebe que as opções oscilam entre o parnasianismo e o simbolismo, não por dominar o assunto, mas porque as respostas revezam-se entre as duas escolas literárias, ambas de "inspiração francesa". Assim, conclui que a resposta certa localiza-se no grupo A-D ou no grupo B-C-E. A segunda operação leva-o a excluir mais algumas alternativas, que supõem o conhecimento de que Cruz e Souza e Eduardo Guimaraens (1892-1928) não se alinham ao parnasianismo, assim como Raimundo Correia não era julgado simbolista. Caem, assim, as respostas contidas nos itens **A** e **B**.

Daí para frente, o estudante não tem mais ao que recorrer, já que as escolhas oferecidas apresentam alguma margem de acerto: a presença da natureza pode ser menos evidente no simbolismo, mas não está excluída, até porque a questão não especifica o que entende pelo termo *natureza* (corresponde ao espaço circundante? às matas brasileiras? à índole de um ser?); da mesma maneira, temas como morte e amor convivem na lírica parnasiana, que se enraizou na cultura brasileira para além do século XIX. A alternativa C não é, pois, muito mais correta que as demais; mas é a que precisa ser escolhida, porque é a que mais se avizinha aos chavões que circulam como o saber sobre a literatura brasileira no ensino médio, alimentados e consagrados pelas provas vestibulares.

Uma segunda questão reitera o processo de verificação do conhecimento que o vestibulando pode ter da literatura:

> Clarice Lispector ocupa um lugar destacado na Literatura Brasileira. Em sua obra estão presentes as seguintes características:
> a. intimismo, introspecção, temática urbana.
> b. temática urbana, folclore, moralidade.
> c. subjetividade, temática agrária, religiosidade.
> d. psicologismo, regionalismo, ruralismo.
> e. tradicionalismo, romantismo, intimismo.

Até que ponto as alternativas propostas estão excludentes, considerando as diferentes facetas da obra de Clarice Lispector (1920-1977), que se estendem da ficção ao correio sentimental impresso em páginas femininas de jornais cariocas, da crônica à literatura infantil, do confessionalismo à crítica social?

As questões reproduzidas aqui não são piores ou melhores que as encontráveis na maioria das provas de ingresso ao ensino superior. Por isso, representam uma tomada de posição quanto ao ensino da literatura no nível médio, marcado pelo reducionismo e simplificação com que são encarados autores, obras, épocas históricas e tendências literárias.

O mal maior não é esse, porém; é que, para responder a perguntas do tipo das aqui exemplificadas, não é preciso ler os livros dos escritores, muito menos apreciá-los. Basta saber quais são as convenções adotadas para falar deles, porque essas é que suscitam as questões dos examinadores. Se está previamente estabelecido que "intimismo, introspecção, temática urbana" sintetizam a obra de Clarice Lispector, raros estudantes preocupar-se-ão em ler romances, contos e crônicas dessa autora para conhecer suas personagens, as situações em que as figuras ficcionais foram colocadas, o modo como apresentou, discutiu e solucionou problemas, temas que, eventualmente, podem se relacionar à vida, e à experiência e ao gosto do leitor.

Pode-se facilmente replicar com o argumento de que não compete ao nível médio preparar o estudante para o vestibular. Portanto, não caberia discutir o tipo de leitor que forma a partir do ângulo com que o ingressante ao ensino superior é avaliado em provas preparadas não por professores daquele nível, mas por docentes que atuam na universidade. Com efeito, a documentação oficial relativa ao ensino médio, representada pelos PCN, é omissa no que diz respeito ao vestibular, a não ser quando aborda a aprendizagem de língua estrangeira.[40]

---

[40] Cf. BRASIL. Ministério da Educação. Secretaria da Educação Básica. *PCN Ensino Médio*: orientações educacionais complementares aos Parâmentros Curriculares Nacionais – Linguagens, Códigos e suas tecnologias, p. 94. Disponível em: <http://portal.mec.gov.br/seb/arquivos/pdf/linguagens02.pdf.>. Acesso em: 31 out. 2007.

Os PCN, contudo, referem-se à leitura da literatura, chamando a atenção para os efeitos que pode produzir sobre o leitor decorrentes da "representação simbólica das experiências humanas" (p. 58). Por sua vez, o documento prefere lidar com a noção de discurso e de texto, conceitos que facilitam a exposição por serem genéricos e terem condições de abranger diferentes manifestações verbais, sejam expostas oralmente ou por escrito. A opção é moderna e atualizada, por se alinhar à análise do discurso, corrente de pensamento em voga nos estudos linguísticos; além disso, é prática e confortável, pois prescinde de uma discussão sobre a materialidade do produto em que os discursos se alojam, como o livro, o jornal, o papel, o CD, o disco rígido, entre outros. Desfibram-se, assim, as expressões da linguagem, que, enfraquecidas, não são reconhecidas como fazendo parte da vida do estudante e do professor.

De um lado, a literatura reduz-se a uma chave de convenções, a ser dominada por meio da memorização, para se alcançar bons resultados em concursos, de que o vestibular é, até agora, o representante mais credenciado. De outro, ela é substituída pelo discurso ou pelo texto, deixando de corresponder a um objeto concreto, inserido ao cotidiano das pessoas. Sob esses aspectos, parece improvável que o ensino médio vá formar um "leitor, no sentido pleno da palavra", conforme almejam os PCN.[41]

---

[41] BRASIL. Ministério da Educação. Secretária da Educação Básica. PCN Ensino Médio: orientações educacionais complementares aos Parâmentros Curriculares Nacionoais – Linguagens, Códigos e suas tecnologias, p. 62. Disponível em: <http://portal.mec.gov.br/seb/arquivos/pdf/linguagens02.pdf>. Acesso em: 31 out. 2007.

No entanto, seria desejável que o ensino médio estivesse plenamente envolvido com a política de formação de leitores jovens. Afinal, é durante esse período, vivenciado sobretudo entre os 14 e 18 anos, que se forma a consciência de cidadania, isto é, a pertença de um sujeito a uma sociedade, a um grupo e a um tempo. O acesso à leitura e ao conhecimento da literatura é um direito desse cidadão em formação, porque a linguagem é o principal mediador entre o homem e o mundo. Se a escrita não é a única expressão da linguagem, é a mais prestigiada, a qual todos precisam ter trânsito livre, desembaraçado de preconceitos e dificuldade. Privar o indivíduo dessa relação com o universo da escrita e da leitura é formar um cidadão pela metade ou nem formá-lo, razão por que a presença e a circulação de objetos a serem lidos na sala de aula são tão importantes nessa faixa de estudo.

Observe-se que, nesse nível de ensino, a leitura pode ser mais importante que a literatura. Dificilmente um aluno que chega ao ensino médio desconhece inteiramente textos escritos, logo, ele traz alguma bagagem de leitura, que pode constituir o ponto de partida do professor. Nesse sentido, as escolas poderiam valorizar a cultura trazida pelo aluno, qualquer que ela seja; e, a partir daí, fazê-lo entender a diversidade cultural. O ensino médio nem sempre leva em conta a experiência de seu alunado, obrigando-o a absorver conhecimentos científicos e técnicos de que ele abrirá mão assim que abandonar essa etapa de sua educação formal.

A experiência dos alunos é, às vezes, mais diversificada que a do professor, já que emprega diferentes formas de comunicação, que se estendem dos grafites em muros e paredes à escrita digital, como usuários de *sites* de relacionamento, *chats* e blogues, leitores e criadores de *fanfiction*. Dominam igualmente recursos variados, desde o

Spray até processos tecnológicos sofisticados, como o PC, o IPOD e o MP3, além de se moverem com facilidade entre gêneros musicais diversos (*rap, funk,* pagode) e viajarem sem limites na internet. A variedade cultural trazida pelo estudante para a sala de aula coloca o professor diante da necessidade de escolher o material mais indicado para trabalhar. Em vez do texto avulso e, pelas razões antes indicadas, abstraído de suas condições materiais de produção, ele poderá eleger o CD de uma banda popular entre o grupo ou um clássico da literatura brasileira, publicado em livro ou disponibilizado pela internet. Pode também dividir-se entre os gêneros da cultura de massa, já que o aluno frequenta cinemas, assiste à televisão, curte histórias em quadrinho, lê revistas e jornais. Por sua vez, se os estudantes forem ainda muito jovens, ele poderá eleger obras da literatura juvenil, cuja oferta cresceu notavelmente nos últimos anos, na esteira da popularidade de Harry Potter, protagonista dos livros de J. K. Rowling, mas também de inúmeros *fanfiction* que circulam na internet. *Best-sellers* como as novelas de Marian Keyes (1963), autora de *Melancia, Férias* e *Sushi,* entre outros, ou de Meg Cabot (1967), criadora do *Diário da princesa* e suas sequências, periodicamente publicadas, constituem leitura preferida entre as mocinhas, material que o professor não precisa necessariamente ignorar na sala de aula, se deseja valorizar a leitura como prática responsável pela formação de cidadãos conscientes de suas escolhas e projetos existenciais.

Valorizando a leitura, ao acolher diversas modalidades de expressão que se estendem para além do livro, ou alargando o conceito de literatura, ao deixar de limitá-lo à noção do conjunto de obras clássicas consagradas pela tradição e matéria de exame de concursos, o ensino médio pode abrir perspectivas renovadoras, acolhendo e valorizando o cabedal cultural importado pelos alunos para o ambiente estudantil. Considerando que a frequência a esse nível de ensino vem aumentando exponencialmente no Brasil do século XXI, a escola terá condições de corresponder às expectativas dos novos contingentes de usuários que buscam nela uma alternativa de inserção legítima na sociedade nacional. Como resultado, a literatura deixa de ser um produto elitizado e distante, mas, em compensação – o que vem a seu favor – a convivência com ela fica mais fácil, menos obstruída por instâncias intermediárias, cobranças e provas.

 Nas atuais condições com que se desenvolve o ensino médio, compete ao professor fazer essas escolhas, e sua posição não é confortável, pois uma opção poderá representar a exclusão de tantas outras. A falta de transparência da política de formação de leitores no ensino médio deixa o professor à deriva, situação que se evidencia quando ele trabalha em mais de uma escola. Se uma delas for pública, e a outra, particular, na primeira ele dificilmente levará em conta a literatura exigida nos concursos de ingresso ao ensino superior, enquanto que, na segunda, as listas de livros de leitura obrigatória, estipulados pelos concursos vestibulares, constituirão seu inevitável horizonte de atuação. Tendo de duplicar o modo de se posicionar diante do material a ser lido pelos alunos, ele nem sempre está suficientemente preparado para os encargos que lhe são atribuídos.[42]

 Uma política de leitura direcionada para o ensino médio não pode ignorar a bagagem de leitura que o aluno desse nível

---

[42] Cf. ANDRADE, Claudete Amália Segalin de. *Dez livros e uma vaga*: a leitura da literatura no vestibular. Florianópolis: Ed. da UFSC, 2003.

traz consigo, ao chegar à escola e entrar na sala de aula. Mas cabe igualmente pensar as tarefas possíveis colocadas ao professor, sem deixá-lo ao desamparo ou apelar para o espontaneísmo e à boa-vontade como instrumentos de solucionar graves problemas sociais e culturais.

dois**ponto**oito
A tela e o jogo: onde está o livro?

A leitura e a escrita

Em um ensaio memorável e bastante conhecido, Paulo Freire observa que a leitura do mundo precede a leitura da palavra.[43] Muitas décadas antes, em ensaio de 1916 sobre a natureza da linguagem, Walter Benjamin vai um pouco mais longe: ele sugere que a leitura do mundo determina a nomeação dos seres, pois esses exibem ao observador o vocábulo que sintetiza sua identidade.[44]

Walter Benjamin fundamenta a tese de que os signos são motivados pelos seres que denominam, tese em tudo contrária às noções expostas por Ferdinand de Saussure (1857-1913), em seu *Curso de Linguística Geral*, de 1915, no gesto adâmico, relatado no *Gênesis*, de conceder às coisas o nome que elas aparentam ter. Como

---

[43] Cf. FREIRE, Paulo. *A importância do ato de ler*. São Paulo: Cortez; Campinas: Autores Associados, 1982. p. 11-24.

[44] Cf. BENJAMIN, Walter. On language as such and on the language of man. In: _____. *Selected writings*. Editado por Marcus Bullock e Michael W. Jennings. Cambridge: The Belknap Press of Harvard University Press, 1996. v. 1: 1913-1926.

os vocábulos mimetizam os seres que designam, dá-se perfeita adequação entre palavra e objeto. Por sua vez, para esse processo acontecer de modo cabal, foi preciso que o homem – Adão, como sugere o mito bíblico – localizasse a identidade de cada coisa e a evidenciasse por intermédio da linguagem.

Nesse caso, pois, não é a leitura da palavra que se segue à leitura do mundo. Para Walter Benjamin, a leitura do mundo precede a linguagem, que não se evidencia, sem que o sujeito se posicione perante a alteridade das coisas.

Walter Benjamin não se refere à questão da leitura, já que seu objetivo é explicitar o processo de nomeação por parte de um indivíduo situado nas origens, como é o Adão bíblico. Esse é um ato de fundação, que se exerce como pressuposto para a constituição da vida humana. Só depois de instalada a linguagem, Adão reivindica uma parceira, comete, na companhia dessa, irremediável transgressão, na esteira da qual perde a condição edênica em que fora acomodado, constitui família, testemunha indiretamente o assassinato de um de seus filhos, Abel, o preferido de Deus, inaugurando a tumultuada história da humanidade.

Aceita a tese de Walter Benjamin, que Paulo Freire certamente abraçaria, a leitura do mundo, com a consequente nomeação dele, constitui o gesto primordial do ser humano. Esse ato supõe, é certo, outro acontecimento fundamental, resumido simbolicamente no mito bíblico: é a consciência do distanciamento entre o sujeito que nomeia e o mundo nomeado. A linguagem verbal – ou a palavra – não se constitui, sem que o sujeito da enunciação se entenda enquanto diverso da totalidade. Ele pode não se questionar como unidade; mas sabe que é distinto da natureza e que pode, de algum modo, dominá-la. Não é, pois, o sujeito tomado pelo espírito dionisíaco identificado por Friedrich Nietzsche (1844-1900);[45] se a linguagem está aí, é porque o princípio apolíneo foi suficientemente potente para o homem tomar ciência de si e pôr-se a nomear o universo que o cerca, diferenciado-se dele, por ser capaz não apenas de oferecer designações para o entorno e para si mesmo, mas por saber que essa prerrogativa é exclusivamente sua.

Walter Benjamin, por intermédio de sua tese sobre a origem da palavra, calcada na interpretação do mito bíblico e em sua "doutrina das semelhanças" ou "faculdade mimética", tese retomada e desenvolvida nos anos de 1930[46], sugere que a leitura existiu desde o momento em que o ser humano teve consciência de si e da diferença que o separa da natureza – a totalidade, o uno primordial, a alteridade ou a sociedade. Por sua vez, a leitura não significa tão somente uma prática do sujeito, a ser colocada ao lado de outras ações que desempenha, sejam elas exercícios, tarefas, trabalhos, problemas. Com efeito, a leitura, entendida desde esse prisma, é a condição da constituição do sujeito como tal, já que não apenas o diferencia da alteridade, mas transforma a ciência dessa consciência em linguagem verbal – em signos. Esses signos, por sua vez, multiplicam as representações do mundo, reproduzindo-o, reproduzindo-se, interpretando-o e interpretando-se, conforme um ritual infinito de espelhamento de que a cultura é o sintoma mais visível.

---

[45] Cf. NIETZCHE, Friedrich. *El nacimiento de la tragédia*. Trad. de Andrés Sánchez Pascual. Madrid: Alianza, 1998.

[46] Ver BENJAMIN, Walter. Doctrine of the similar. In: _____. *Selected Writings*. Editado por Michael W. Jennings, Howard Eiland e Gary Smith. Cambridge: The Belknap Press of Harvard University Press, 1999. v. 2: 1927-1934; BENJAMIN, Walter. On the Mimetic Faculty. In: Op. cit.

Em outros termos, afirma-se aqui que a leitura é perene. Ou, se desejarmos, que a leitura existe, enquanto persiste o humano, já que não é possível desvincular esse daquela. O melhor produto desse elo permanente é a linguagem, com seu universo de signos, que não desaparecerão, enquanto se mantiver a relação do indivíduo com o real.

Talvez tenha sido a profusão de signos que gerou a escrita. Se a leitura tem uma origem mítica e atemporal, a escrita tem data de nascimento e cronologia: apareceu há mais de cinco mil anos entre os sumérios, que, segundo os historiadores, inventaram um sistema de sinais com o fito de representar as propriedades e o movimento dos bens.[47] O aparecimento da escrita deveu-se, pois, a razões práticas: havia a necessidade de registrar os trâmites comerciais, e um povo com suficiente desenvolvimento social e cultural foi capaz de gerar um código que, sintetizando os objetos por meios de imagens relativamente miméticas, traduzia as posses de cada um e como elas trocavam de donos.

A transferência do oral para o escrito requeria capacidade de abstração e síntese. A escrita suméria, ainda que tenha disponibilizado, segundo os pesquisadores, número bastante grande de ícones para dar conta dos objetos a que eles se referiam, precisou de algum modo condensar em valor finito o que a realidade oferecia em quantidade infinita.

---

[47] Cf. a propósito da história da escrita: BÁEZ, Fernando. *História universal da destruição dos livros*: das tábuas da Suméria à guerra do Iraque. Trad. de Léo Schlafman. Rio de Janeiro: Ediouro, 2006; JEAN, Georges. *A escrita*: memória dos homens. Trad. de Lídia da Mota Amaral. Rio de Janeiro: Objetiva, 2002; MACIÁ, Mateo. *El bálsamo de la memoria*: un estudio sobre comunicación escrita. Madri: Visor, 2000; MARTIN, Henri-Jean. *Histoire et pouvoirs de l'écrit*. Paris: Albin Michel, 1996.

Assim, desde seu aparecimento, a escrita supôs processos de transferência: do oral para o gráfico, do concreto para o abstrato, do disperso para o ordenado. O real, que se multiplicava em diversidade, passou por um ciframento. E cada cifra, centralizando um significado, colaborou para o domínio do próprio real que a suscitava. Se a leitura já apontava para a soberania do indivíduo sobre seu entorno, pois aquele podia nomeá-la, a escrita adensou o processo, garantindo a ampla hegemonia do ser humano sobre as diferentes espécies vivas residentes no planeta Terra.

Ao crescente processo de abstração porque passou a escrita correspondeu a dilatação da ascendência do homem sobre a natureza. Os povos da escrita aos poucos se confundiram com os vencedores, já que, senhores dos registros, tiveram condições de armazenar a narrativa dos eventos, controlando não apenas a natureza, mas também a história e o tempo.

A escrita é, assim, não apenas *status*, mas, e sobretudo, poder. Talvez por essa razão englobou a leitura, que, ao menos conceitualmente, coloca-se a seu serviço. Assim, embora as pessoas possam ser proficientes em leitura, não serão consideradas suficientemente letradas, se não souberem redigir. O letramento, ou a alfabetização, como categoria, designa sobretudo a habilidade de dominar a escrita, corolário de um processo de aprendizagem que se estenderia do mais simples – a leitura – ao mais complexo – a redação.[48]

---

[48] Cf., por exemplo, as conceituações de alfabetização e letramento em SOARES, Magda. Letramento e escolarização. In: RIBEIRO, Vera Masagão (Org.). *Letramento no Brasil*. São Paulo: Global, 2003.

Outros exemplos da supremacia conceitual da escrita podem ser encontrados no modo pejorativo como a leitura pode ser qualificada, como aconteceu quando se deu sua expansão, por decorrência do aumento do público leitor e da industrialização do produção editorial. A leitura de romances por mulheres foi considerada desvio, e a leituromania, condenada pela pedagogia do século XVIII. Não poucas vezes a própria literatura se encarregou de censurar os efeitos da leitura, considerando-os deletérios, ou desvalorizar seus adeptos, julgando-os pervertidos, alienados, escapistas.[49]

A leitura manifesta sua historicidade, na medida em que suscita modos mutáveis de compreensão do mundo, conforme indicam as investigações levadas a cabo por Roger Chartier (1945)[50]. É, por sua vez, a escrita que sofre mais visivelmente os resultados das transformações tecnológicas, refletidas na maneira como seus suportes se modificaram.

Entre os suportes mais arcaicos, contam-se a argila, receptáculo da escrita cuneiforme dos pioneiros sumérios, a pedra, o bronze, a madeira e o couro. A expansão geográfica da civilização antiga, o aumento das rotas mercantis, e as diferenciações étnicas e culturais alargaram as oportunidade de emprego da escrita,

---

[49] Cf. ZILBERMAN, Regina. *Fim do livro, fim dos leitores?* São Paulo: Senac, 2001; LAJOLO, Marisa; ZILBERMAN, Regina. *Das tábuas da lei à tela do computador: a leitura em seus discursos.* São Paulo: Ática, 2009.

[50] Cf. CHARTIER, Roger et al. *Pratiques de la lecture* Paris et Marseille: Rivages, 1985; CHARTIER, Roger. *A história cultural entre práticas e representações.* Lisboa: Difel; Rio de Janeiro: Bertrand, 1990; CHARTIER, Roger. As revoluções da leitura no Ocidente. In: ABREU, Márcia (Org.). *Leitura, história e história da leitura.* São Paulo: Fapesp; Campinas: ALB; Mercado das Letras, 2000.

sobretudo no âmbito do comércio e da diplomacia. Documentos se fizeram necessários desde o passado remoto, sendo a correspondência uma das expressões que sobreviveu à passagem do tempo. A nova situação demandou suportes menores e mais adequados. Além disso, não mais se tratava de tão somente registrar negócios, tratados políticos e legislação, mas também de resguardar a tradição religiosa, configurada em narrativas, poemas, cânticos e hinos. Produção eventualmente menos pragmática, esse material exigia proteção, de uma parte, facilidade de circulação, de outra. Eis o que levou nossos ancestrais à pesquisa de suportes mais práticos para a escrita, aparecendo entre os egípcios o papiro, antepassado do papel a quem legou o nome.

A história da escrita confunde-se seguidamente com a história de seus suportes. Percebem-se como distintos em termos formais e substanciais o que se apresenta sobre a pedra e a argila, de um lado, e sobre o pergaminho ou o papel, de outro. Para a história da escrita, contribuíram também as transformações tecnológicas, interferindo na natureza do texto, pois, se estiletes facilitavam a escrita manual e conferiam-lhe características específicas, as subsequentes invenções da prensa mecânica, da rotativa, da máquina de escrever, impuseram formas variadas de comunicação e habilidades profissionalizantes diversas.

Seguidamente a história da escrita é identificada pelas mudanças ocorridas aos suportes, destacando-se sobretudo as transformações ocorridas ao mais prestigiado deles – o livro. Assinalam-se, assim, como idades representativas da história da escrita a passagem do uso do rolo ao códice, por volta do século III d.C., entre os romanos, e, mais adiante, a invenção da prensa mecânica, na metade do século XV, que, elegendo o livro como seu material principal, tornou-o o sinônimo do mundo da escrita e da leitura.

O livro

Em poema dedicado ao editor José Olympio, Carlos Drummond de Andrade pergunta:

> *Que coisa é o livro? Que contém na sua*
> *frágil estrutura transparente?*[51]

A pergunta é expressiva de nossas concepções sobre o livro: de um lado, o poeta refere-se ao livro como "coisa", mas, de outro, quer saber o que contém "na sua frágil estrutura transparente". De certa maneira, Drummond feminiliza o livro, ao considerá-lo frágil; depois, atribui transparência a ele, exilando-o do mundo da matéria.

A sequência do poema não é menos representativa do conceito de imaterialidade com que se concebe o livro, já que a questão formulada pelo autor – "São palavras apenas, ou é a nua/ exposição da alma confidente?" – considera o objeto livro apenas na perspectiva do texto que ele transporta. Ainda que, nos versos 5, 6 e 7, o poeta agora pergunte "de que lenho brotou?", aludindo à sua origem vegetal e à sua fabricação, a que associa o emprego da prensa, ele não perde a oportunidade de atribuir ao livro a condição de "obra de arte" / "que vive junto a nós, sente o que eu sinto / e vai clareando o mundo em toda parte".

---

[51] ANDRADE, Carlos Drummond. A José Olympio. In: ____. *Poesia completa*. Rio de Janeiro: Aguilar, 2002, p. 330.

No poema de Drummond, o livro não é manufatura, nem mercadoria. Ele coincide com as palavras que transmite, apagando-se sua natureza corpórea, perecível, efêmera e mercantil. João Cabral de Melo Neto (1920-1999), da sua parte, não perde de vista a materialidade do mundo da escrita. Na *Psicologia da composição*, destaca que "é mineral o papel / onde escrever / o verso"[52].

A mineralidade do papel é, segundo Cabral, a mesma das flores, plantas, frutas e bichos, acrescentando que ela se verifica nesses seres "quando em estado de palavra". A mineralidade é percebida, diz ele, nas "coisas / feitas de palavra", reconhecendo-a na "linha do horizonte" e em "nossos nomes". Por último, indica que "qualquer livro" "é mineral", pois "é mineral a palavra / escrita, a fria natureza".

Para João Cabral, a "mineralidade" é atributo não apenas das coisas da natureza – flora, fauna, espaços –, mas também da linguagem, efetivada na "palavra escrita". Identifica-se, assim, à materialidade do papel e do livro onde se aloja o verso. Portanto, o poeta inverte a relação proposta por Drummond: à inefabilidade do livro, "frágil estrutura transparente", Cabral opõe a consistência física da palavra, que mimetiza a materialidade das coisas existentes, sejam suas propriedades concretas ou atributos abstratos.

Em poema posterior, publicado em *Educação pela pedra*, João Cabral expõe outra vez a materialidade do livro, associando esse objeto à condição física da natureza. Destacando a "folha de um livro", anota que ela, quando folheada, reproduz o "o lânguido e vegetal

---

[52] MELO NETO, João Cabral. Psicologia da composição. In: _____. *Obra completa*. Rio de Janeiro: Nova Aguilar, 1995, p. 96.

da folha folha"[53]. Por esse aspecto, o folhear do livro mimetiza "sob o vento", "a árvore que o doa". Dando continuidade ao pensamento de Carlos Drummond de Andrade, que pergunta "de que lenho" brotou o livro, João Cabral de Melo Neto localiza-o no mundo da natureza, insistindo em sua procedência vegetal.

Por sua vez, a sequência do poema volta a abordar a questão da linguagem, tal como ocorrera em *Psicologia da composição*: o poeta reconhece que o vento expressa-se por "fricativas e labiais", composição fônica que "a folha de um livro repete". Assim, a própria folha fala, ao ser manipulada, conforme um gesto que supera a comunicabilidade da natureza que imita:

> *e nada finge vento em folha de árvore*
> *melhor do que vento em folha de livro.*

O livro, ainda que árvore, supera o mundo natural de onde provém: "a folha, na árvore do livro, / mais do que imita o vento, profere-o", diz o poeta. A linguagem é a propriedade por excelência do livro, já que, em sua folha, "a palavra nela urge a voz, que é vento, / ou ventania varrendo o podre a zero."

A segunda estrofe do poema dá conta do ensinamento que o livro oferece, como objeto, natureza que se fez linguagem:

---

[53] MELO NETO, João Cabral. Psicologia da composição. In: _____. *Obra completa*. Rio de Janeiro: Nova Aguilar, 1995. p. 367.

Silencioso: quer fechado ou aberto,
Incluso o que grita dentro, anônimo:
só expõe o lombo, posto na estante,
que apaga em pardo todos os lombos;
modesto: só se abre se alguém o abre,
e tanto o oposto do quadro na parede,
aberto a vida toda, quanto da música,
viva apenas enquanto voam as suas redes.
Mas apesar disso e apesar do paciente
(deixa-se ler onde queiram), severo:
exige que lhe extraiam, o interroguem
e jamais exala: fechado, mesmo aberto.

O livro, na sua qualidade de objeto, oferece-se como linguagem que supõe o olhar do outro, pois "só se abre se alguém o abre". Mesmo assim, não se dá inteiramente, pois, "severo", "exige que lhe extraiam, o interroguem / e jamais exala: fechado, mesmo aberto."

Para João Cabral, na sua materialidade, o livro implica uma lição de leitura, similar à do sujeito perante a natureza que lhe aparece como enigma. A relação que impõe a todo indivíduo mimetiza aquela que a natureza oferece ao ser humano desde a origem da linguagem. O livro é linguagem como ser, independentemente de seu conteúdo; e este, expresso por palavras, só se apresenta se essas palavras guardarem do livro a mineralidade – ou materialidade – que os assemelha.

Sem recusar a carnadura do livro ou recorrer à espiritualidade de um produto marcado por sua qualidade de sólido e objetividade, Cabral afirma o componente linguístico e comunicativo daquele objeto, que se apresenta como cifra a requerer um código de interpretação. O livro fala, mesmo na sua condição de folha e de mineral, qualidade que talvez explique seu prestígio, permanência e até sacralidade, apesar de compartilhar com as demais mercadorias circulantes na sociedade os atributos de efemeridade e negociabilidade.

A tela

A tela – ou o monitor –, sejam as de aparelho de televisão, PC, *notebook, netbook, palm top,* MP4 ou celular, ainda não motivou poéticas ou filosóficas declarações por parte de seus usuários ou admiradores.

Talvez por estarem por demais inseridos na rotina diária, talvez por se mostrarem acintosamente materiais, telas, monitores e outros objetos que as portam não suscitam poesia, nem literatura, quando muito provocam manifestações no âmbito da cultura de massa, como o cinema, que, da sua parte, reproduz por meio de imagens as funções que a própria imagem desempenha na vida das pessoas. Assim, por mais que livros como *1984*, do britânico George Orwell, ou *Farenheit 451*, do americano Ray Bradbury (1920), exponham a mecanização da existência e a dominação dos indivíduos por efeito da intervenção dos recursos audiovisuais, é nos filmes produzidos a partir daquelas obras que se evidencia, até como escândalo, o caráter invasivo da tela – como símbolo da perda da privacidade e da liberdade – no cotidiano, controlando e administrando as relações sociais, os comportamentos individuais e até os pensamentos mais recônditos.

Telas, entendidas como metonímia dos multimeios, não são objeto da aura de que o livro se revestiu ao longo do tempo, atitude essa que se intensificou a partir das últimas décadas do século XX. Tanto mais se valorizou o livro, quanto mais ele perdeu espaço para a tela, com a qual passou a concorrer ostensivamente. Mas, se colecionadores preservam livros raros, se obras literárias representam a esses últimos como preciosidades ou talismãs, portadores de virtudes extraordinárias ou sobrenaturais, de que é exemplo o romance *O Clube Dumas*, do espanhol Arturo Pérez-Reverte (1951)[54], telas ocupam páginas de jornais, encartes de propaganda e até os melhores espaços das residências, como salas de estar, escritórios e dormitórios.

É na cultura jovem que essa presença motiva criações artísticas, como sugerem as canções cujas letras se transcrevem a seguir.

O cantor e compositor Tony Boka, por exemplo, faz sua declaração de amor ao futuro filho, identificado na ecografia reproduzida na tela do computador[55].

Em preto e branco
Te vi pela primeira vez
Quase mergulhei na tela do computador

Quando se acompanha a canção no *site* You Tube <http://www.youtube.com/watch?v=uiwTTdGoIcc>, veem-se os desenhos

---

[54] *O pêndulo de Foucault*, de Umberto Eco, *Bookman's Wake*, de John Dunning (1942), *A misteriosa chama da Rainha Loana*, também de Umberto Eco, são outros exemplos da tendência a conferir lugar de protagonistas ao livro ou ao impresso.
[55] Cf.BOKA,Tony.Ultra.Disponívelem:<http://www.youtube.com/watch?v=uiwTTdGoIcc>. Audiovisual. Acesso em: 8 out. 2009.

que ilustram o texto, duplicada, na tela de um PC, a imagem em preto e branco que suscitou a declaração do artista.

O cantor Alexandre Peixe, em *Pra falar a verdade*, por sua vez, apela para a "tela do computador" para conferir veracidade à sua declaração de amor:

> *Tá na cara que nascemos um pro outro, tá na cara que jogamos o mesmo jogo, tá na tela do computador, tá no toque do meu celular... todos os momentos tem o seu olhar!*[56]

O sangue do Brasil é raro!, de Fernando Balarini, alude à tela do computador para sugerir o acesso à internet, de onde o sujeito lírico retira informações e imagens. É nos seus versos que se pode verificar o tipo de leitura que a tela do computador provoca, destacando-se seu caráter não linear e simultâneo, que pode ser representado por intermédio do emprego sucessivo de metonímias:

> *Vejo flores na tela do computador*
> *e perco os bosques preciosos camaleões*
> *na puã que tenho a vida*
> *certos homens me depredam, batalhões*[57]

---

[56] PEIXE, Alexanfre; GARRIDO, Beto. *Pra falar a verdade*. Disponível em: <http://www.youtube.com/watch?v=0ykeIKSFyvI>. Acesso em: 8 out. 2009.
[57] Cf. BALARINI, Fernando. *O sangue do Brasil é raro!* Disponível em: <http://www.youtube.com/watch?v=waJErvzuxYM>. Acesso em: 8 out. 2009.

Assim, as flores da primeira linha pode significar o pano de fundo (*wallpaper*) ou o descanso de tela (*screensaver*), mas é igualmente alusão aos bosques que, graças aos recursos de manipulação eletrônica de imagens, se transformam a todo instante. Outras metonímias povoam os versos: os homens que depredam e, mutantes, convertem-se em batalhões, os carrascos que rodeiam a cidade e, sobretudo, as mãos que se unem e, promissoras, fazem acreditar que há esperança para esse ambiente urbano da violência.

Oferecendo a parte em nome do todo, a metonímia é, por natureza, a figura da fragmentação, e esse é o modo como o mundo se oferece ao leitor na tela do computador. À fragmentação se soma a constante mutabilidade, representada pelos "preciosos camaleões", indicados no segundo verso. Somente a habilidade para a apresentação do simultâneo que se oferece de modo parcial e em constante mutação pode assegurar a leitura do que a tela do computador exibe.

Assim, a tela requer um consumidor habilitado às suas propriedades, que correspondem a uma outra mímese do real. Não mais o mundo que se apresenta na forma da síntese e da continuidade temporal, mas aquele que se dá de maneira repartida, concomitante, gráfica e audiovisual. Trata-se, provavelmente, de um consumidor mais aparelhado, capaz de apreender o simultâneo e o múltiplo, processá-lo e decodificá-lo, chegando não apenas a um tipo de informação, mas também à interpretação do mundo que lhe é transmitido.

O sujeito lírico dos versos de Fernando Balarini parece capaz de dar conta desse procedimento com competência, sem abrir mão das possibilidades de leitura do mundo.

A tela ou o livro?

O processo de leitura exigido pelo mundo transmitido pela tela é provavelmente mais complexo que aquele sugerido pelo livro. Esse, como se observou, lida com a linearidade e a continuidade; embora possa apresentar lacunas de contiguidade, oferece as necessárias instruções para seu consumidor preencher os vazios e dar sequência ao deciframento da escrita.[58] Os conteúdos dispostos na tela não são lineares, apresentam-se de modo concomitante e não precisam estabelecer relações uns com os outros. Provavelmente a experiência da modernidade – e das vanguardas, sobretudo – colabore para o consumidor absorver seu significado; ou, colocado em outros termos, a experiência da modernidade pode ser mais bem compreendida e interpretada graças às novas modalidades de expressão propiciadas pelo universo exposto em um monitor de PC.

O deciframento do conteúdo de um livro supõe uma aprendizagem – a da escrita – que, mesmo quando não começa na escola, é fortalecida pela frequência a essa instituição, processo que se estende por longo tempo. Da sua parte, o deciframento de um conteúdo apresentado em uma tela não apenas não é estimulado e consolidado por uma instituição determinada – a escola ou outra –, como, além disso, supõe a intromissão de vários fatores diversificados, ao não depender apenas da escrita, mas também das imagens visuais, sons etc.

É sob esse aspecto que, aparentemente, o mecanismo de leitura exigido pelo livro mostra-se mais fácil que o da tela. Mas,

---

[58] Cf. INGARDEN, Roman. *A obra de arte literária*. Lisboa: Calouste Gulbenkian, 1973; e ISER, Wolfgang. *O ato da leitura*: uma teoria do efeito estético. Rio de Janeiro: Ed. 34, 1996-99. 2 v.

contraditoriamente, é a leitura de livros e impressos que parece ameaçada de sobrevivência, prenúncio que, pelo visto, se comprova pela diminuição do número de leitores de jornais e pela migração destes para a informação *on-line*, mais promissora em termos de informação, graças à possibilidade de transmiti-la em tempo real, de consumo e de lucratividade, graças à comercialização de espaços para propaganda.

Lutando por sua sobrevivência, o livro, como objeto material, procura apresentar-se segundo uma perspectiva favorável. Como escreve Carlos Rydlewski, em matéria da revista *Veja*, trata-se "de um produto que funciona sem bateria, dispensa o manual do usuário, suporta quedas, é barato e pode ser substituído a um custo mínimo."[59] Pode-se acrescentar a esses atributos sua portabilidade, em oposição à imobilidade do computador de mesa. Mas tais vantagens não impedem o avanço da concorrência, representada pelo *e-book*, em particular, do Kindle, cujo preço começa a diminuir no mercado internacional, e por um novo produto, o *vook*, segundo Sérgio Augusto (1943), "última palavra em *e-book*, o livro digital com imagens, o *book* eletrônico televisivo".[60]

Por outro lado, é no universo digital que a produção literária se expande: gêneros como a poesia, que tão poucas oportunidades recebem por parte dos editores, segundo os quais não é lucrativo publicar livros de versos, povoam blogues, revistas eletrônicas e até *sites* de relacionamento. Escritores iniciantes sentem-se bastante à vontade para

---

[59] Cf. RYDLEWSKI, Carlos. O Brasil na era do Kindle. *Revista Veja*, São Paulo, ano 42, n. 41, Edição 2134, 14 out. 2009, p. 104.

[60] AUGUSTO, Sérgio. O grande esforço para acabar com o livro. *O Estado de São Paulo*. 11 out. 2009, p. 13.

disponibilizar suas obras na *web*, onde encontram leitores e simpatizantes nas mais variadas e longínquas regiões do globo terrestre.

Sob esse aspecto, o público de livros pode não ter aumentado, o que vem sendo tema de posicionamentos contraditórios, já que as contabilidades referem-se a produtos distintos: de um lado, opõe-se o livro impresso ao livro digital e ressaltam-se, nesse caso, as crescentes vendagens deste, como indicam as estatísticas reproduzidas na revista *Veja*[61]; de outro, celebra-se o alargamento do consumo de livros, não importando a forma. Mas, certamente, deu-se a expansão do número de leitores, que se apropriam das formas da escrita e das imagens que circulam no formato digital.

Talvez não fosse exagerado afirmar que o livro impresso, sacralizado na sua aparente imaterialidade e elevação aurática, acabou por se acomodar no território de uma elite especializada e bem provida de meios, sejam esses intelectuais, como os que frequentam a academia, sejam financeiros, como colecionadores e admiradores de obras raras. Da sua parte, a tela simboliza a popularização e desterritorialização da arte, o igualamento das espécies de texto, o nivelamento – social, etário, étnico, de gênero – dos consumidores, enfim, a democratização, porventura a almejada socialização dos meios de criação, produção e circulação dos bens culturais. Afinal, no universo digital e na cibercultura há lugar para (quase) tudo, pois não existe censura, nem proibições, museus e obras clássicas reproduzem-se sem custo, todos podem participar dele como emissores e como destinatários.

---

[61] Cf. RYDLEWSKI, Carlos. O Brasil na era do Kindle. *Revista Veja*, São Paulo, ano 42, n. 41, Edição 2134, 14 out. 2009, p. 106.

Se é essa a situação, duas questões podem ser propostas:

a. Chegou-se ao "admirável mundo novo" da distribuição cultural ou devemos nos mostrar menos otimistas ou, pelo menos, um tanto céticos?

b. Cabe buscar uma saída para o mundo do livro, já que pertencemos à última geração que conheceu a hegemonia do impresso, ou aderir incondicionalmente ao universo digital?

Para responder a essas questões, cabe primeiramente discernir entre o livro impresso e o livro eletrônico. O prestígio que esse vem alcançando deve-se, de um lado, ao crescimento de suas vendas, configurando-se, ele mesmo, em *best-seller*, na expressão de Jeff Bezos (1964), criador da Amazon, pioneira dentre as livrarias digitais.[62] Assim, o suporte tomou o lugar da obra, processo característico do modo como a escrita – e não a leitura – é concebida, segundo a qual, conforme se observou antes, sua história confunde-se com as mudanças sofridas pelos materiais que a carregam. De outro lado, o livro eletrônico deve suas vantagens não ao fato de proporcionar um outro modelo de leitura, mas de armazenamento de textos. O Kindle, por exemplo, distingue-se, entre os novos suportes oferecidos no mercado, por dar acesso – pago – a um catálogo de mais de trezentos mil títulos, receber as informações em tempo real e baixar livros em apenas 60 segundos. Assim, suas virtudes principais transformam-no em uma biblioteca minimalista, versão na forma de *chip* da biblioteca de Babel,

---

62 "CRIAMOS um best-seller". *Revista Veja*, São Paulo, ano 42, n. 41, Edição 2134, p. 110-111, 14 out. 2009.

ideada pelo escritor argentino Jorge Luís Borges (1899-1986) em conto de certa modo premonitório dos dilemas contemporâneos relativos à recepção e consumo de obras transmitidas pela escrita.

Contudo, *e-books*, Kindles, *vooks* integrar-se-ão à confraria do livro impresso se viabilizarem o tipo de leitura que aquele produto proporciona. O livro, manifestação material da linguagem verbal e transfiguração dos processos expressivos da natureza, conforme expõem as metáforas escolhidas por João Cabral de Melo Neto em seu poema, mimetiza – e, ao mesmo tempo, sintetiza – a relação entre o sujeito e o real, valendo-se da escrita, ainda a melhor representação abstrata do mundo concreto. Essa relação é, por sua vez, mediada pela imaginação, chamada a intervir cada vez que o sujeito adentra o universo reproduzido no texto, tanto mais ficcional quanto mais se tratar da leitura da literatura.

Talvez por depender tão intensamente da imagem, as criações veiculadas digitalmente não acionam a fantasia com a mesma intensidade. Sob esse ângulo, o imaginário digital oferece-se a seu destinatário de modo acabado, não se oferecendo como a alteridade a ser decifrada, essa sendo a matéria-prima da leitura. Exemplo dessa impermeabilidade ao olhar alheio são os jogos eletrônicos, que funcionam com roteiros fechados, escolhas previamente estabelecidas e regras rígidas, a serem obedecidas por seus usuários.

Da sua parte, o texto – apresentado sob a forma impressa ou eletrônica, como são também os hipertextos – é preferentemente aberto, por decorrência de suas imprecisões, lacunas e incertezas, subordinando-se às intervenções do leitor, que se fazem por meio das respostas de sua imaginação e das alternativas que oferece de interpretação.

Assim, de um lado, cabe respeitar e valorizar o tipo de leitura que a "tela" proporciona e reconhecer a contribuição que a expansão do universo digital tem feito aos procedimentos de criação literária – divulgando-os, dando margem ao aparecimento de novos gêneros, suscitando a emergência de novos paradigmas teóricos e críticos. De outro, é mister admitir que o livro tem seu lugar garantido no interior da cultura e da civilização contemporânea, ainda que seu formato possa se alterar, em decorrência das novas conquistas tecnológicas.

Quanto ao formato vencedor – eletrônico, digital, impresso –, certamente a decisão não decorrerá da preferência, muito menos da estima, do público, mas da lucratividade que cada um dos suportes for capaz de propiciar a seus produtores e investidores.

Por uma parte, alcançamos, sim, o território – ou, ao menos, aproximamo-nos de suas fronteiras – do "admirável mundo novo" da socialização do conhecimento e da cultura, ainda que tenhamos de compartilhá-la com a propaganda ostensiva que polui nossas telas e que mostra serem bastante rentáveis nossos acessos diários à internet. De outro, não chegamos a um mundo "sem livros", a não ser que se ambicione despojar os indivíduos da imaginação e da criatividade com que o ser humano se lida com o mundo, fundamento da leitura do real e do nascimento da linguagem.

Participar, pois, do "admirável mundo digital", sem abrir mão da experiência da leitura, sobretudo a que estimula a imaginação e inaugura novos caminhos para a fantasia, talvez seja o melhor que se pode fazer, para quem atua no âmbito da educação.

dois**ponto**nove
A teoria da literatura e a leitura na escola

Com a atribuição, desde os idos da *Poética*, de Aristóteles, de conceituar o que entende por poesia, isto é, por criação verbal de natureza artística, a teoria da literatura procura chegar a algum resultado positivo analisando um patrimônio já existente constituído por obras que utilizam a escrita e circulam na sociedade. Porém, talvez por razões de economia, a teoria da literatura não examina a totalidade do acervo que existe à sua disposição, senão que lida com um conjunto previamente selecionado de textos, ignorando os que não foram admitidos à consideração. Aristóteles, de modo pioneiro, privilegiou a tragédia e a epopeia, silenciando sobre a novela e a comédia de seu tempo; e, em cima de um grupo restrito de textos e autores, construiu, como farão subsequentemente seus seguidores, uma teoria sobre a poesia, os melhores modos de composição, os gêneros em que se divide e os efeitos provocados no público.

Robert Escarpit (1918-2000), em pesquisa de direção diametralmente oposta, verificou quantos e quais autores pertencem ao patrimônio a que é conferido o estatuto de arte literária pelas instituições credenciadas. Seu levantamento, consultados dicionários, enciclopédias, manuais de história da literatura, teses universitárias, levou-o a encontrar, dentro de uma produção de aproximadamente 450 anos, apenas 937 nomes, que consistem na literatura francesa, estudada e conservada pela sociedade através de seus aparelhos. Eis por que conclui ser uma antologia o objeto chamado *literatura* e assunto de uma ciência que existe para confirmar aquele de antemão sabidamente reconhecido caráter antológico.[63] Encarregada do ensino da literatura e da difusão de um saber cultural, a escola reproduz o que a poética no passado e a teoria da literatura no presente escolheram. A escola não elabora um conceito próprio e diferenciado de literatura, responsabilizando-se tão somente pelo aumento do círculo de consumidores da antologia. Seu veículo mais conhecido é o livro didático, que, com suas variações (seleta, apostila, manual de história da literatura, guia de leitura), consiste na antologia da antologia; mas o mesmo se passa com outros instrumentos seus, como as listas de livros cuja leitura antecipada é exigida aos inscritos em algum exame de seleção (Enem, vestibular, Enade, entre as provas associadas diretamente à progressão no âmbito da educação formal).

No plano da dinâmica em sala de aula, as expectativas do ensino da literatura são também simultaneamente reprodutoras e seletivas; leem-se boas obras, já sacramentadas pela tradição e seus mecanismos de difusão, para que se forme o juízo elevado, aquele que, educado, dará preferência a criações de teor similar às que constituem a antologia, reforçando sua autoridade; e porque consistem em modelos de uso correto das virtualidades da linguagem verbal, cabendo imitá-las, reproduzi-las portanto.

Se, por esse lado, a escola não propõe uma noção original de literatura, nem de leitura, senão que alarga o espaço de aplicação de conceitos já existentes, por outro, ela esclarece qual antologia as

---

[63] Cf. ESCARPIT, Robert. *Le littéraire et le social*: Éléments pour une sociologie de la littérature. Paris: Flammarion, 1970.

instituições culturais estão interessadas em reproduzir nos distintos graus de ensino. Faculta conhecer que antologia vigora, isto é, que conceito de literatura circula na sociedade e como ele se distribui nos vários graus de aprendizagem.

Logo, é possível conhecer qual e como a literatura é lida, verificando seu modo de circulação e consumo na escola e na universidade. A legislação, os livros didáticos, os manuais de história de literatura, as listas de leitura elaboradas para os exames de seleção ou as estratégias empregadas para o ensino da literatura são indicadores importantes e permitem observar que:

1º) até 1960, e mesmo até 1970, a presença da literatura nos níveis iniciais (primário e ginásio) pautava-se:

- pela visão da leitura como meio, conforme acentua Lourenço Filho na apresentação de *Pedrinho*, série de livros destinados ao primário:

    > Ler por ler nada significa. A leitura é um meio, um instrumento, e nenhum instrumento vale por si só, mas pelo bom emprego que dele cheguemos a fazer. O que mais importa na fase de transição, a que esse livro se destina, são os hábitos que as crianças possam tomar em face do texto escrito.[64]

---

[64] LOURENÇO FILHO, M. D. *Pedrinho, 1º livro*. 8. ed. São Paulo: Melhoramentos, 1959, p. 128.

A leitura, nessa perspectiva, serve para:

a. Transmitir a norma culta:

> *O conhecimento do vocabulário, da ortografia, da pontuação e das formas e construções corretas será sobretudo adquirido mediante considerações expedidas a propósito dos textos de leitura; e dos fatos neles observados deduzirão os próprios alunos, auxiliados pelo professor, as regras de boa linguagem consignadas na gramática expositiva.*[65]

b. Conservar e defender o padrão elevado da língua de que a literatura é guardiã:

> *Em todo este curso de português o professor se esforçará por incutir nos alunos o amor da língua, o zelo dela traduzido no desejo de manejá-la bem e de protegê-la das forças dissolventes que estão continuamente a assaltá-la.*
>
> *Sobretudo os fará respeitosos da sua modalidade mais nobre – a língua literária, visto ser esta a de mais importante papel social e político e, ao mesmo tempo, um dos mais fortes fatores de progresso, por constituir, através das idades, um fio de transmissão de geração para geração e, no espaço, um laço de aproximação dos contemporâneos, evitando, de um e outro modo, o estéril isolamento do homem* (p. 14).

---

[65] Portaria nº 172, de 15 de julho de 1942. Instruções metodológicas para a execução do programa de português. In: CRUZ, José Marques da. *Selecta*. Português prático para a 1ª e 2ª série do curso secundário. 8. ed. São Paulo: Melhoramentos, 1951, p. 13.

c. Inculcar valores e incutir o bom gosto:

> Escolhemos os [assuntos] mais próprios para lhes despertarem nos ânimos o respeito da religião, o amor da pátria e da família, excitando-lhes ao mesmo tempo os sentimentos mais elevados, e desenvolvendo pari passu a imaginação e o bom gosto literário.[66]

d. Assumir a cidadania:

> Num espaço de tempo tão curto, sob o efeito eficaz de uma instrução contínua, o espírito bronco do rapaz, que da vida, aos vinte e um anos, só conhecia o cavalo e o campo, já se sentia desvencilhado da nômade ignorância da campanha natalícia. Rapidamente aprendera a ler e já sabia assinar o nome. Foi um verdadeiro milagre. Pouco a pouco um gênio familiar e tocante, uma viva centelha invisível incutia no quartel, à coletividade, dos conscritos, as primeiras noções da Pátria. Na sua totalidade filhos das colônias sem escolas, das campinas abandonadas, onde lá uma que outra aula existe muitas vezes num raio de oito a dez léguas de distância, só no quartel encontravam os jovens soldados quem lhes alumiasse um pouco o espírito, fazendo-lhes ver acima dos interesses pessoais, das pequenas exigências egoísticas do Eu, a razão de ser da nacionalidade. Começavam aos poucos a amar a sua história, a compreender os seus símbolos e a sentir a vitalidade do seu sangue.[67]

---

[66] PINTO, Alfredo Clemente. Prólogo (à primeira edição, em 1883). In: _____. Seleta em prosa e verso dos melhores autores brasileiros e portugueses. 50. ed. Porto Alegre: Selbach, [1936].
[67] CALLAGE, Roque. Rincão. 2. ed. Porto Alegre: Globo, 1924, p. 48-49.

e. Adquirir conhecimentos e obter vantagens pessoais:

> A leitura é o mais seguro veículo do estudo e do saber, o meio de seleção dos valores espirituais, a verdadeira chave do êxito. Através da leitura e do estudo aprende-se a viver e a triunfar na luta pela existência.[68]

f. Transmitir o patrimônio da literatura brasileira, conforme exigia José Veríssimo no início desse século:

> Nesse levantamento geral que é preciso promover a favor da educação nacional, uma das mais necessárias reformas é a do livro de leitura. Cumpra que ele seja brasileiro, não só feito por brasileiro, que não é o mais importante, mas brasileiro pelos assuntos, pelo espírito, pelos autores trasladados, pelos poetas reproduzidos e pelo sentimento nacional que o anime.[69]

Que esses objetivos foram alcançados pela frequência à escola, sugerem-no as memória de escritores brasileiros de épocas distintas:

> Era um pedaço da Seleta clássica, que até me divertia. Lá vinha o Paquequer rolando de cascata em cascata, do trecho de José de Alencar. [...] A "Queimada" de Castro Alves e o há dous mil anos te mandei meu grito das "Vozes da África". E a história do lavrador que antes de morrer chamara os filhos para um conselho. [...] Esses trechos da Seleta Clássica, de tão repetidos, já ficavam íntimos da minha memória.[70]

---

[68] CAMPOS, Astério de. Prefácio. In: GONÇALVES, Maximiano Augusto. *Seleta literária*. 3. ed. Rio de Janeiro: Fundo de Cultura, 1961.
[69] VERÍSSIMO, José. *A educação nacional*. 2. ed. aum. Rio de Janeiro: Francisco Alves, 1906, p. 6.
[70] REGO, José Lins do. *Doidinho*. 25. ed. Rio de Janeiro: Nova Fronteira, 1984, p. 43.

> Eu me lembro, eu me lembro, era pequeno
> o mar bramia e o meu desejo entre as pernas da vizinha
> já latia. Mas porque tenho que ser o responsável
> pelo certo e pelo torto? e além do "Cão Veludo" – magro
> asqueroso, revoltante e imundo
> – ser também "O Pequenino Morto"?
> Não, não quero ficar aqui empacado ao pé da serra
> perdendo o melhor da festa
> – sigo para a "Última Corrida de Touros em Salvaterra"
> Sou um índio guarani cantando óperas
> na fúria das ditaduras? Não, não quero ficar aqui com alma
> arrebanhada
> quero "O Estouro da Boiada". Cansei
> de ser aquele menino com o dedinho estúpido
> num dique seco da Holanda
> – que inundem os campos de tulipa
> numa florida ciranda[71]

- Pela escolha de uma metodologia caracterizada pela leitura em voz alta, resposta aos questionários de interpretação e cópia:

> Da leitura, em voz alta ou silenciosa, dos textos mais atraentes pelo assunto e mais dignos de atenção pela linguagem e pela forma, terão naturalmente os professores o cuidado de induzir os alunos a que tirem todo o proveito possível. Merecerão alguns ser lidos,

---

[71] SANT'ANNA, Affonso Romano de. O burro, o menino e o Estado Novo. In: LADEIRA, Julieta de Godoy (Org.). *Lições de casa*: exercícios de imaginação. São Paulo: Cultura, 1978. p. 29.

interpretados e comentados mais de uma vez, em dias diferentes, a fim de que a apreciação geral se possa passar ao estudo minucioso do vocabulário, do estilo, das originalidades de expressão. Não esquecerão os professores, de certo, que apenas lhes incumbe explicar aos discípulos, no momento oportuno, o que não sejam eles capazes de por si mesmos compreender e julgar.[72]

2º) Posteriormente a 1970, ocorrem as seguintes modificações:

- O conhecimento do patrimônio da literatura brasileira fica aos cuidados do nível médio e, sobretudo, dos cursos de letras. Estes se encarregam do ensino das literaturas vernáculas e adotam de preferência o ângulo cronológico, mesmo quando este é antecipadamente exigido nos vestibulares de acesso ao ensino superior.
- As leituras escolhidas pelos professores do ensino básico provêm da literatura contemporânea, o ensino médio preferindo gêneros modernos, nos quais predominam textos breves, como a crônica, o conto e a novela, o ensino fundamental optando pela literatura infantil e juvenil.
- O texto literário pode ser utilizado no ensino da língua materna ou da gramática; contudo, mesmo nessas circunstâncias, ele se relaciona, antes de tudo, a atividades que têm em vista o desenvolvimento das potencialidades expressivas e produção criativa dos estudantes:

---

[72] MONTEIRO, Clóvis. *Nova antologia brasileira*: (organizada de acordo com os atuais programas do curso secundário) ou Curso de língua vernácula através de trechos escolhidos de autores brasileiros e portugueses dos dois últimos séculos. Rio de Janeiro: Briguiet, 1933, p. 9.

> Estrutura de Cada Unidade
>
> O professor pode notar que:
>
> a. O texto é o ponto de partida para todas as atividades;
> b. A Expressão Oral e Escrita propõem um conjunto de atividades inter-relacionadas;
> c. A redação é o comportamento terminal de cada unidade.
>
>
>
> TEXTO
>
>
>
> | Expressão oral | Expressão escrita |
> |---|---|
> | Vamos conversar sobre o texto. | Vamos escrever sobre o texto. |
> | Agora, vamos treinar entonação. | Vamos aumentar nosso vocabulário. |
> | Discussão sobre o texto. | Vamos pontuar. |
> | | Vamos nos expressar de outra forma. |
>
>
>
> GRAMÁTICA
> COMUNICAÇÃO
> DIVIRTA-SE
> EXERCÍCIOS COMPLEMENTARES
> REDAÇÃO[73]
>
>

---

[73] FARACO, Carlos Emílio; MOURA, Francisco de. *Comunicação em Língua Portuguesa*: Primeiro grau – 5ª série. 3. ed. São Paulo: Ática, 1983, p. 3.

Como resultado das modificações, observa-se que:

a. Estreitou-se o espaço da literatura "clássica" brasileira e portuguesa no nível fundamental, chegando quase à sua eliminação, sendo que as propostas entendidas como renovadoras coincidem com a ausência declarada daquele tipo de leitura.

b. Nessas propostas inovadoras, a presença do livro considerado mais atual e mais adaptado às características etárias e culturais do aluno visa promover a leitura, estimular o gosto pela literatura e fortalecer o número de seus consumidores. Em outras palavras, incentivar o ato de ler enquanto atividade com significado e valor em si mesma, não precisando ultrapassar o âmbito individual, nem se converter em veículo para algum tipo de ação objetiva e mensurável.

A mudança parece operar-se no sentido da valorização da leitura, em detrimento da aquisição de certo tipo de cultura literária, tarefa assumida *a posteriori* pelos cursos de letras que a destinam à sua clientela específica.

Cabe perguntar o que determinou tais mudanças. Poder-se-ia crer, em um primeiro momento, que os créditos podem ser contabilizados à teoria da literatura, que, em muitos casos, englobou a seu campo especulativo a literatura infantil ou as teses da estética da recepção. Em um segundo momento, há um empenho por parte dos educadores em dotar o ensino de uma prática mais comprometida com a realidade da criança e do jovem e com a atualidade e experiência do leitor. Todavia, em ambas as circunstâncias, o efeito passaria pela causa, segundo uma ótica enganadora.

De fato, tanto a teoria da literatura, como a prática de ensino de literatura em sala de aula, a primeira esforçando-se (quando o faz) em refletir sobre os novos fenômenos de leitura consumidos dentro e fora da escola, a segunda alterando o(s) tipo(s) de obra literária com que opera, reagem a transformações ocorridas na sociedade brasileira. A principal delas decorreu da necessidade de escolarizar com rapidez, não obrigatoriamente com eficiência, a população, como maneira de acompanhar, e mesmo acelerar, a modernização da sociedade.

Porém, a expansão da escola, ato que pode ter natureza democrática, não eliminou, nem ao menos atenuou, a desigualdade social, porque:

a. Conservou o binômio escola pública X escola particular e rebaixou a qualidade da primeira, de modo que garantiu aos setores elevados a possibilidade de continuar obtendo uma educação de padrão superior.

b. Não assumiu o encargo da formação dos professores: facilitou o aparecimento de inúmeras faculdades privadas que podiam conceder títulos acadêmicos, sem se responsabilizarem pela qualidade do ensino que propiciavam. Em decorrência da necessidade de docentes a fim de atender à rede escolar em crescimento, a formação apressada foi validada pelas instituições oficiais; mas, ao mesmo tempo, a profissão decorrente foi aviltada, aceita somente pelos que viam nesse título universitário sua oportunidade de ascensão. O recrutamento de professores fez-se cada vez mais em segmentos social e culturalmente menos favorecidos, aqueles que precisariam de maior quantidade de informação durante sua trajetória acadêmica, que, contudo, não lhes foi transmitida.

Por essas razões, o curso de letras encampou cada vez mais a tarefa de introduzir o estudante ao conhecimento das literaturas vernáculas; enquanto que o ensino básico foi, paulatinamente, abdicando dela. A sala de aula tornou-se o ponto de encontro de dois leitores de formação precária, o professor e o aluno, virtualmente não leitores. "Começar de novo" talvez tenha se tornado palavra de ordem, uma maneira de mútua convocação à reconstrução. Eis talvez porque a literatura infantil e a ficção para jovens passaram a dispor de um lugar e um prestígio até então desconhecidos por ambos os gêneros, configurando uma outra antologia, agora com componentes iniciatórios, porque lhe cabe cativar o leitor neófito e incentivá-lo a voos mais altos, alcançando então a antologia autêntica.

Significa a mudança, vale dizer, a tendência à consolidação de uma antologia até então desprestigiada, a formulação de novo conceito de literatura? Ela equivale à infiltração da teoria da leitura escolar na teoria da literatura? De certa maneira, sim, porque as teses desenvolvidas pela estética da recepção, pela sociologia da literatura e pela história da leitura, na Alemanha e na França, por exemplo, que fornecem o suporte técnico às investigações sobre o ato de ler o papel da escola, não deixam de responder a problemas simultâneos, embora nem sempre idênticos, relativos à chamada crise de leitura.

Por outro lado, a resposta é negativa, porque a mudança do patrimônio literário na escola e na universidade não resulta de um processo de democratização do ensino, mas do aprofundamento dos problemas que marcaram a educação nacional e determinaram sua natureza elitista. E esta continua sendo reproduzida e reforçada, pois a grande literatura, a da antologia, permanece inacessível aos setores mais numerosos da sociedade brasileira.

No limite, a teoria da literatura reflete sobre o ato individual da leitura, o que pode ter, e vem tendo, repercussões significativas no âmbito da sala de aula. Porém, evita pensar sobre os modos de popularização de seu objeto que se coloquem além e adiante dos meios institucionais de que previamente dispõe: a crítica literária, a academia, a universidade, a escola. Arrisca-se, assim, a permanecer confinada, aumentando o fosso que separa a literatura, com as virtudes que pertenciam à sua natureza, daquilo que lhe confere a existência e sentido: o público leitor, independentemente de suas raízes sociais.

dois**ponto**dez
A universidade, o curso de letras e o ensino da literatura

> É preciso dessacralizar a literatura, liberá-la de seus tabus sociais, abrindo caminho para o segredo de sua potência. Então talvez será possível refazer não a história da literatura, mas a história dos homens em sociedade segundo o diálogo dos criadores de palavras, mitos e ideias com seus contemporâneos e com a posteridade, que agora chamamos literatura.
>
> ROBERT ESCARPIT

O compromisso primeiro da universidade é com o saber. Foi o reconhecimento, ao final da Idade Média, de que um saber, acumulado no tempo e de circulação restrita à Igreja, podia se laicizar e passar por constante renovação, que decretou o aparecimento das universidades pioneiras. Estas nasceram quando a Europa desistia de expandir-se através de investidas militares explícitas, ao gênero das Cruzadas, e optava por realizá-las graças às novas tecnologias emergentes que facultaram, nos séculos XV e XVI, as grandes navegações.

A modernidade que, aos poucos, suplanta o obscurantismo medieval, se se expressa na estética renascentista celebrando o humanismo ascendente ou na conquista do Novo Mundo e da circularidade do planeta, não pode ser dissociada do espírito de pesquisa científica e do racionalismo que a universidade se apropria de modo crescente.

É nessa medida que o saber é propriedade sua, mais que de qualquer outra instituição. Sua tarefa é difundi-lo, de um lado, porque, através da pesquisa, alarga e aprofunda a abrangência do conhecimento, de outro, porque, ao transmiti-lo aos que ainda não o detêm, divulga-o. Dá margem à busca de novas tecnologias; e também à democratização destas, ao torná-las acessíveis e aumentando o número de indivíduos que têm meios de manipulá-las.

Outro compromisso da universidade é com o ensino, pois a difusão do saber dá-se no âmbito da sala de aula, ainda quanto esta, formalmente, confunde-se com o laboratório, a sala de projeção, o anfiteatro, a biblioteca. Também a sala de aula tem características democratizantes, pois é nela, concretamente, que ocorre a veiculação do conhecimento, despindo-o da sacralidade conferida por aqueles que o transformam em uma modalidade de exercício do poder. A sala de aula é o espaço para o trânsito de ideias e concretização de uma aspiração da democracia: a de que todos tenham oportunidades iguais de acesso ao conhecimento e de pesquisar novas tecnologias como condição do progresso social e da emancipação política.

São as licenciaturas que, de modo mais cabal, assumem o compromisso da universidade com o ensino. Em primeiro lugar, por razões históricas: no Brasil, o aparecimento das primeiras faculdades de filosofia coincidiu com a formulação dos projetos pioneiros de criação da universidade nacional. Antes desta, houve os cursos isolados: de direito, no Recife e em São Paulo, de medicina, em Salvador, a Escola de Engenharia, em Porto Alegre. Mas universidades, como a do Distrito Federal, idealizada por Anísio Teixeira (1900-1971), ou de São Paulo, implantada por Armando de Salles Oliveira (1887-1945), em 1934, nasceram a partir de um núcleo cujo objetivo era a formação de professores – aqueles que alimentariam a própria universidade.

Em segundo lugar, por razões econômicas: o magistério apresenta-se como o principal mercado de trabalho ao egresso de um curso como o de letras, pois as demais habilidades que pode ter desenvolvido durante seus estudos acadêmicos – a de crítico literário, escritor ou tradutor – dificilmente se deparam com oportunidades equivalentes de obtenção de emprego.

Assim, a não ser que o estudante eternize esta condição ao substituir a graduação por um curso de pós-graduação sustentado por bolsa concedida por agência federal, seu destino é lecionar, os lugares escasseando à medida que os graus na escola (do fundamental para o médio, desse para o superior) se elevam. Porém, como os graus mais altos oferecem melhores salários e melhores condições de trabalho, supostamente só os melhores os alcançam.

O ensino, originalmente compromisso da universidade, converte-se em mercado de trabalho. Porém, se o primeiro significa possibilidade de democratização do saber, o segundo adota uma forma seletiva e elitizante, hierarquizando as etapas de que se compõe e induzindo a consolidação de uma aristocracia do conhecimento, cujo ápice confundir-se-ia com o grupo de docentes que atua na própria universidade. O resultado é paradoxal, mas inegável: nascida no bojo de um processo de modernização e democratização, já que universaliza o saber, a universidade vem a ser ocupada por duas aparentes elites: a dos que trabalham nela, tidos como "melhores", porque os "piores" não conseguiram suplantar os graus inferiores de trabalho, e a dos que a frequentam, igualmente classificados como "melhores", porque os "piores" não conseguiram suplantar os graus inferiores da educação (situação que a polêmica implantação do sistema de cotas busca superar ou, ao menos, minimizar).

O caráter seletivo do mercado de trabalho na área do ensino coloca sob suspeita a inclinação democrática que a educação hipoteticamente contém. A profissão a que a universidade habilita é igual a que é exercida no seu interior, mas, em um caso e no outro, o efeito é a contradição de princípios, em um círculo vicioso difícil de romper.

Diante desse quadro, apresentam-se duas alternativas. A primeira coincidiria com uma mudança de base que daria maior respeitabilidade (traduzida em benefícios financeiros) ao professor que trabalha nos níveis inferiores. No Brasil, nunca se praticou isso; pelo contrário, a profissão de professor foi sempre bastante aviltada, na medida em que oferecida, e portanto ocupada por, àqueles sem qualquer outra alternativa de emprego. No século XIX, docentes foram seguidamente afrodescendentes alfabetizados alforriados ou mulatos cultos, inaceitáveis, segundo a elite branca, em outras profissões, a não ser que se deslocassem para atividades paralelas, como as de escritor, tipógrafo, jornalista, livreiro, conforme exemplificam as carreiras, na segunda metade do oitocentos, de Machado de Assis, Luís Gama (1830-1882), Paula Brito (1809-1861) e José do Patrocínio. Ao final do século XIX, o mercado se abriu para a mulher, também na condição de uma das raras opções de trabalho feminino assalariado. E permaneceu nessa situação até os dias de hoje, recrutando seus quadros entre os segmentos urbanos mais inferiorizados que ainda podem almejar um grau acadêmico e considerar o engajamento ao magistério uma forma de ascensão.

Desse modo, a composição social do magistério brasileiro nega que mudanças substanciais tenham sido feitas em prol de sua reabilitação e respeitabilidade. E se, de um lado, pode-se dizer que houve democratização porque setores mais pobres tiveram acesso a uma profissão técnica, cujo exercício depende da frequência à universidade e da obtenção de um título acadêmico, o rebaixamento da qualidade do ensino, a proliferação dos cursos superiores particulares, sustentados pelo próprio aluno, e o estrangulamento da rede pública em todos os níveis foram fatores que evidenciaram que o saber não foi difundido e a democratização, portanto, aparente.

A segunda hipótese de mudança é de natureza metodológica: busca redimensionar a função pedagógica da universidade por meio da pesquisa de alternativas de trabalho didático. A reflexão sobre o ensino da língua e da literatura ou a ênfase na produção de textos e de atividades como a leitura sugerem que cabe ao nível superior repensar seu modo de atuação patenteado até agora nos currículos, disciplinas e programas em curso. De um lado, constata-se a discrepância entre o que o estudante aprende e o que ele precisa ensinar, procurando reatar as duas pontas e tornando o trabalho acadêmico mais operacional. De outro, questionam-se os programas de língua nacional, literatura e redação no ensino básico, verificando serem eles incompatíveis com as necessidades de aprendizagem do aluno daqueles graus, o que motiva a elaboração de projetos renovadores, a reatar outras duas pontas, a do aluno dos níveis fundamental e médio com os conteúdos que estuda.

No primeiro caso, a universidade – mais especificamente, o curso de letras – pensa a si mesmo, mas examina seu currículo e programas em função do diploma que confere. Concorda que, inevitavelmente, o estudante acabará professor; portanto, que seja um bom professor. Providencia para que ele disponha de um instrumental didático adequado; e se ele vai lidar com o aluno do nível fundamental, de pouco adianta estudar teoria da literatura ou autores importantes da ficção e poesia contemporâneas. Antes conhecer literatura infantil e juvenil e preparar-se adequadamente para a tarefa que o aguarda.

Nesse sentido, o curso de letras experimenta um risco – o de confundir-se com um ilustre precursor: o curso de formação de professores ou curso normal (magistério), cuja visão de literatura é eminentemente pragmática – aprende-se o que vai ser ensinado, o horizonte do conhecimento limitando-se à esfera aplicada.

Contudo, é preciso lembrar que, de certo modo, o curso de letras tem feito exatamente isto: seu currículo tem-se restringido de modo crescente a oferecer as disciplinas que poderão ser aproveitadas na posterior vida profissional. Por essa razão, o ensino da literatura limitou-se, primeiramente, à aprendizagem das literaturas vernáculas e, depois das últimas reformas educacionais, como a Lei de Diretrizes e Bases e a de número 5.692, privilegiou a literatura brasileira em detrimento das demais literaturas. Assim sendo, se se prevê que o diplomado poderá lecionar principalmente língua portuguesa ou literatura brasileira, sua aprendizagem circulará no campo da língua nacional e literatura(s) correspondente(s), aquelas que, em âmbito geral ou local, se escreveram e publicaram no Brasil.

A progressão histórica da formação na área de letras tem estado profundamente atrelada ao mercado de trabalho, e é este uma instância externa, mas, até o momento, imprescindível à existência e expansão da universidade brasileira, que vem decidindo seu destino e transformações. O ensino da literatura é indicador do processo histórico, na medida em que, em primeiro lugar, converteu-o em literatura para o ensino, segundo uma visão pragmática e unidirecional que contraria o conceito de literatura – supostamente, criação autônoma e perene – que a própria universidade, através da teoria da literatura, advoga, talvez até como modo de defender-se dos avanços incontroláveis do mercado de trabalho. Em segundo lugar, o crescimento de suas áreas de trabalho e o desaparecimento de outras não procedem de decisões ao nível da investigação intelectual ou de propostas de pesquisa, isto é, dos projetos elaborados pela própria universidade ou pelas letras.

O segundo caso caracteriza-se pela crítica não aos programas próprios, mas aos alheios. O curso de letras assume como sua tarefa a formulação de hipóteses e alternativas de trabalho para os demais graus, ao mesmo tempo em que se prepara internamente para a efetivação de seus princípios. Evita adaptar-se passivamente às exigências do mercado de trabalho, buscando modificá-lo na direção de uma postura pedagógica progressista, elaborada pela universidade. Nesse sentido, a tese é renovadora, mas o posicionamento que a coloca em prática é paternalista; além disto, a literatura ainda é veículo, já que lhe é atribuída a condição de instrumento da transformação almejada.

Como se percebe, o curso de letras, porque orientado para o mercado de trabalho, ainda que aviltado, formula uma concepção de literatura, de um modo ou de outro, pragmática e intermediária. Pragmática, porque o conteúdo da aprendizagem é determinado pelo que se pode ou se deve lecionar; intermediária, porque instrumento daquela aprendizagem. Simultaneamente, porém, contradiz, em seus programas, o conceito que elabora e pratica; teoriza sobre a autonomia da obra de arte, sua perenidade e transcendência, a possibilidade que tem de representar valores que, mesmo quando de tipo social, têm componentes idealistas. Ao desejar impor, para compensar, uma visão histórica, converte a história em cronologia e enumera nomes de obras, autores, estilos, períodos e escolas, os quais são apreendidos porque tema de docência posterior, segundo um processo interminável de reprodução.

O impasse do ensino de literatura supostamente adviria de dois problemas básicos: de um lado, dos programas de língua e literatura nos níveis fundamental e médio, em razão de um ou dos dois aspectos antes citados; de outro, porque as pessoas (que podem ser alunos e professores do ensino básico ou os estudantes de letras) não leem, leem pouco ou não leem o que deveriam. Todavia, a questão parece ser outra, dizendo respeito ao modo como os cursos de letras formulam a noção de literatura com que lidam: encaram-na como mediadora, trampolim para a aprendizagem de um outro, que pode ser a história da literatura, as normas relativas ao bom emprego da língua nacional, a mensagem renovadora ou documental do texto. Entretanto, insistem em que ela é um ente autônomo, com vida própria e que, se se insere à sociedade, é para representar a esta última de forma melhor, mais adequada, sintética e permanente. Em resumo, concebem a literatura de uma maneira e ensinam-na de outra; no entanto, parece que, em nenhum momento, ela está presente, porque falta sempre o principal – a experiência do leitor.

O que esperar então do ensino da literatura? À primeira vista, que ele faculte a concretização dos princípios que norteiam a existência da universidade, os mesmos que legitimam a educação por extenso: a difusão do saber, como modo de expandi-lo e democratizá-lo. No entanto, quando se produz a retirada de cena da literatura, sobretudo porque tomada passagem para a aprendizagem de um outro que não ela (sejam eles objetivos pedagógicos ou uma imagem da história da literatura que evita presentificar a leitura das obras, preferindo congelá-la no tempo, isto é, na época em que apareceram, porque é essa que as explica), o que efetivamente se alcança é seu desconhecimento, impedindo-se, pois, sua democratização.

A acusação de não leitura ou não aprendizagem pode radicar na escolha a que as letras e o ensino da literatura em todos os níveis têm procedido: a de evitar a presença da literatura viva na sala de aula. Por essa razão, acaba por elitizar-se ou sucumbir aos objetivos educacionais com que se procuram justificar as metodologias de trabalho na escola.

A democratização da leitura passa por várias etapas, muitas delas nem sempre praticáveis pela universidade ou pelo professor. Dizem respeito antes a uma política cultural, que torne o livro acessível, e econômica, que habilite a população ao consumo de obras artísticas. Porém, depende igualmente de uma decisão do professor: a de facultar a entrada da literatura, dessacralizada mas também despida de intenções segundas, em sala de aula. Talvez então as pessoas leiam ou produzam textos, sem constrangimentos e com grande gosto.

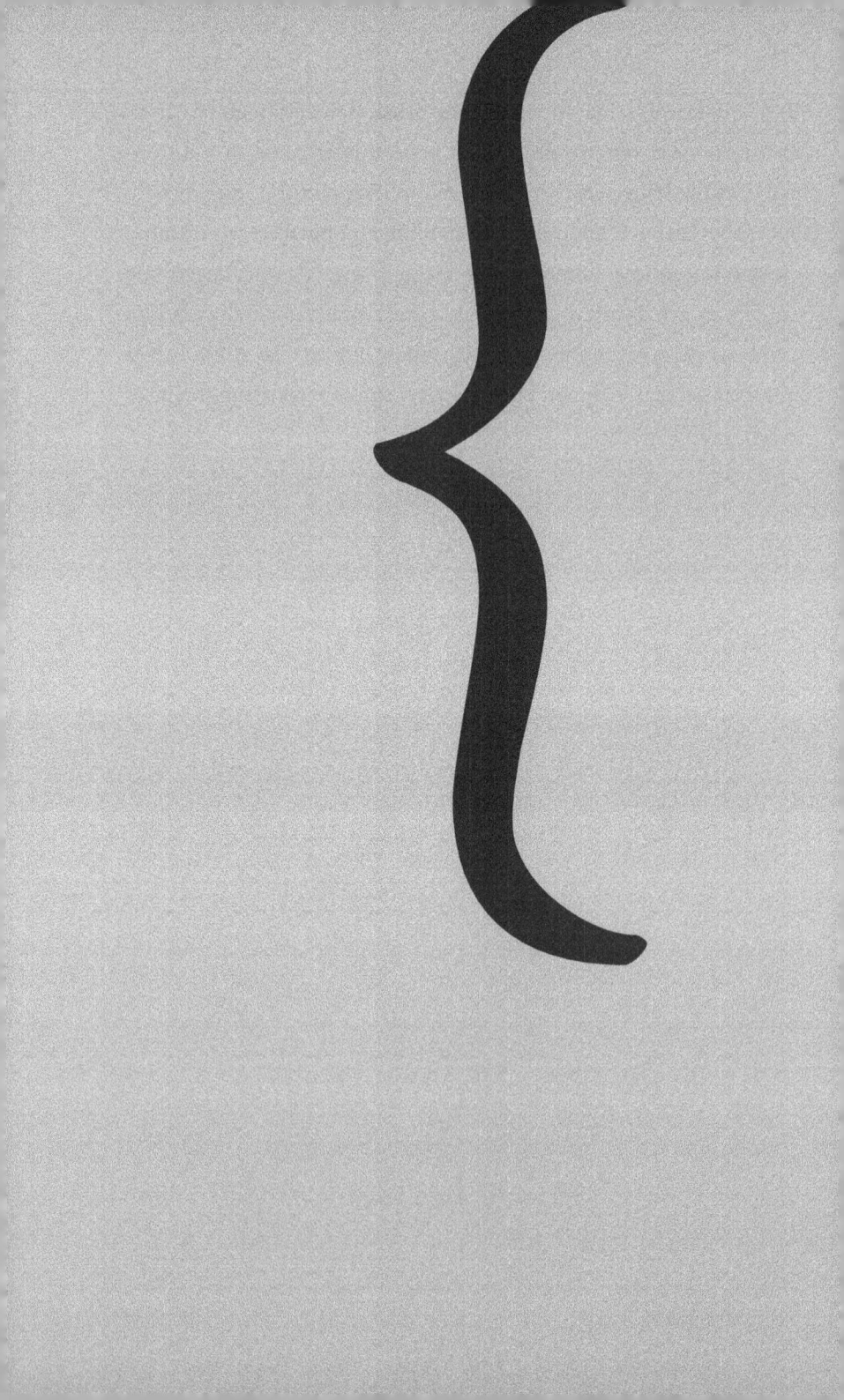

{

Impressão: Forma Certa Gráfica Digital
Abril/2023